Abenteuer
ESKAPADEN
AUSZEIT
AUSGLEICH
Raus mit dir!
LÄCHELN
STADT.LAND.
FLUSS.
ENDLICH
FREE
ERLEBEN
FEIERABEND!
BLAU
kleine
Fluchten
Wege
Lebensfreude
NATUR
GLÜCK
von Yvonne Weik

DAMPF
ABLASSEN

PLAUDERN
UND GENIEßEN

HORIZONT
ERWEITERN

ABENTEUER
IN SICHT

LIEBE LESERIN, LIEBER LESER

Stuttgart, *my love!* Nach dieser Buch-Recherche bin ich wieder richtig happy, im Kessel zu Hause zu sein. Denn in 0711 gibt's so viele coole Orte. Nach Feierabend mit der Zacke ins Radglück, mit dem SUP den Neckar runter oder vom Birkenkopf der Sonne Tschüss sagen. *After work* neue Energie tanken – in Stuttgart kein Problem!

Dieses Buch will auf keinen Fall im Regal verstauben. Es möchte inspirieren, Ideen geben und Lust machen auf das Abenteuer vor der Haustür. Also los, aufraffen und raus mit euch! Ganz sicher: Es lohnt sich. Und die Couch, die wartet auch danach noch.

Viel Spaß beim Ausprobieren – wir sehen uns irgendwo da draußen,

Yvonne Weik

PS: Übersichtskarten und Infos zum Download von Tourdaten gibt's ab Seite 224.

AUSZEIT.
ABENTEUER.
LEBENSLUST.

DAMPF ABLASSEN

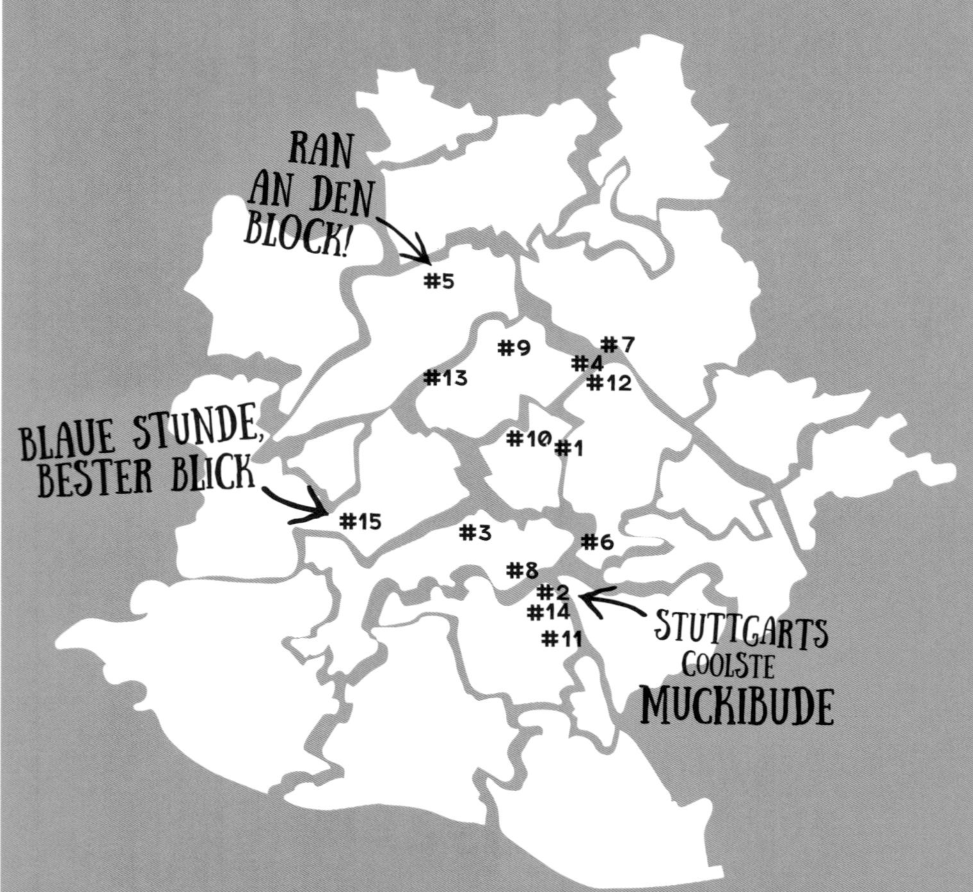

Alternativen zu Boxsack & Yogamatte

Montag Stäffele-Workout, Dienstag zum Open-Air-Bouldern. Und keine Sorge – auch für die übrigen Tage gibt's in Stuttgart ein klasse Sportprogramm.

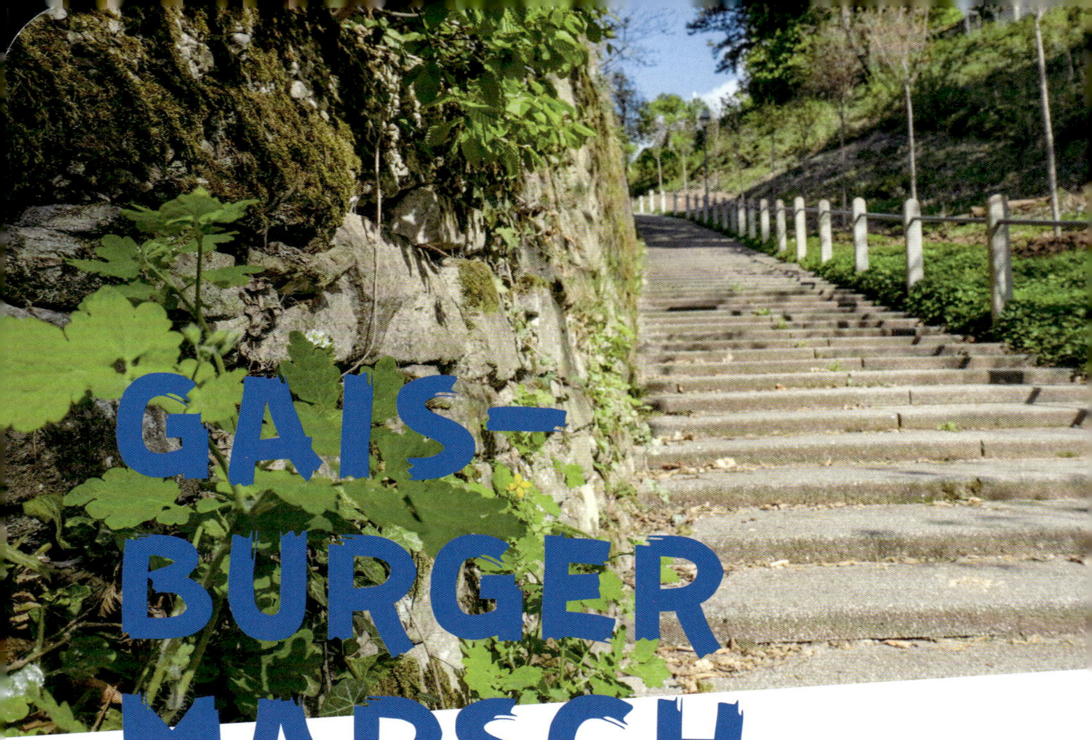

GAIS-BURGER MARSCH

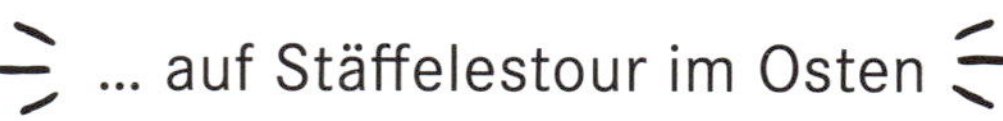

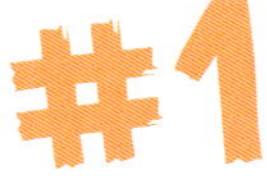

... auf Stäffelestour im Osten

#1

Gaisburger Marsch? Das ist doch was zu essen! Stimmt, aber hier geht's nicht um den schwäbischen Eintopf, sondern um eine steile Stäffelestour. Überall in der Stadt kann man die kleinen Treppen entdecken. Auf dem Weg von der Gänsheide nach Gaisburg werden ordentlich Kalorien verbrannt. Abmarsch!

#Stäffeleswalk #Stadtwandern #Stäffelesrutscher #up&down

Treppauf und treppab. Und das so lange, bis der Turm der Gaisburger Kirche in Sicht ist.

→ DAMPF ABLASSEN

Den Gaisburger Marsch kennen alle in Schwaben. Allerdings eher das kulinarische Original. Ein deftiger Eintopf mit Rindfleisch, Spätzle und Kartoffelschnitz'. Der Legende nach schmeckte er Stuttgarter Offiziersanwärtern so gut, dass sie regelmäßig im Stadtteil Gaisburg von der Kaserne ins Wirtshaus Bäcker-Schmiede zum Essen marschierten.

Grund genug, daraus eine steile Stäffelestour zu machen. Einmal vom Olgaeck in Stuttgarts Mitte über die Gänsheide, durch Gablenberg bis nach Gaisburg. Treppauf, treppab durch die Stadt. Rund 300 Höhenmeter – und mehr als tausend Stufen. Das macht fit. Und ist noch dazu ein echtes Workout für Bauch, Beine und Po.

Los geht's mit der Sünderstaffel an der Gänsheide. 260 Stufen führt sie fast schnurgerade hoch zur Diemershaldenstraße. Kleiner Tipp: Langsam starten, bevor der Puls schon jetzt in die Höhe schnellt. Denn nach der Staffel ist

vor der Staffel. Eine kurze Verschnaufpause, und weiter die Straße entlang, dann steigt man zwischen noblen Stadtvillen die nicht ganz so steile Georg-Elser-Staffel hinauf. Auf der Aussichtsplattform am Bubenbad: großes Staunen. So weit hat man es schon aus dem Kessel geschafft!

Stäffele, so sagt man in Stuttgart liebevoll. Wie viele es wohl gibt in der Stadt? Ganz genau weiß das niemand. 400 behaupten die einen, 600 die anderen. Eines ist sicher: Die Treppen verbinden den Kessel in Nord, Süd, Ost und West mit der Halbhöhenlage. Sind mal länger, mal kürzer. Und erzählen oft eine Geschichte.

Die nächsten Treppen führen den Silberweg hinab. Dann spaziert man immer weiter bergab über die Farrenstraße bis zum Schmalzmarkt. Der kleine Platz liegt mitten im früheren Wen-

Stuttgart, was wärst du nur ohne deine Stäffele? Sie führen überallhin, auch in die Kleingartensiedlung.

gerterdorf Gablenberg. Ganz in der Nähe führt eine besondere Staffel hoch hinauf. Tief Luft holen, die steile Buchwaldstaffel wartet. Doch keine Angst, sie wird flacher, je höher man steigt.

Zwischen Kleingärten und mit Efeu bewachsenen Steinmauern geht's Richtung Buchenberg. Ab und zu umdrehen nicht vergessen, denn die Aussicht über Stuttgarts Osten ist genial: rote Dächer, Kirchturmspitzen, und am Horizont der Gaskessel. Dort liegt auch das Ziel der Tour.

Doch erstmal gemütlich durch die nächste Kleingartenanlage am Raichberg. Wer Hunger hat, kehrt schon hier ein, entweder im Vereinsheim der Gärtner (raichberg.org/gaststatte-ratze) oder oben am Waldrand im Waldheim (www.waldheimraichberg.de).

Die nächsten Stäffele geht's in echtem Stäffelesrutscher-Tempo rasch runter nach Gaisburg. Die Spitze der Gaisburger Kirche zeigt den Weg. Nun sind es nur noch ein paar letzte Treppen hinab zum Schlachthof (www.schlachthof-stuttgart.de). Dort endet der Gaisburger Marsch. Und er steht auch auf der Speisekarte. Bei Bedarf kann man ein paar Kalorien gleich wieder reinholen. Zurück fährt man mit der Stadtbahn.

Wer nach dieser Tour noch nicht genug hat von den Stäffele: Als längste gilt die Willy-Reichert-Staffel mit mehr als 400 Stufen rauf zur Karlshöhe. Für den nächsten Feierabend mit Fitnessprogramm und Biergarten.

FAZIT: EIN STÄFFELESWALK VOM ALLERFEINSTEN. MIT HERRLICHEM AUSBLICK UND ABENDESSEN.

Hin & weg: Mit der U5/U6/U7/U15/U12 zum Olgaeck, dann zu Fuß über Gablenberg nach Gaisburg. Zurück mit der U9 ab Haltestelle Schlachthof.

Beste Zeit: Frühling oder Herbst, im Sommer wenig Schatten.

Dauer & Strecke: 1,5 Std. für 5,5 km.

Ausrüstung: Gute Schuhe und Wasserflasche für unterwegs.

CLASSIC LIN

SESAM ÖFFNE DICH

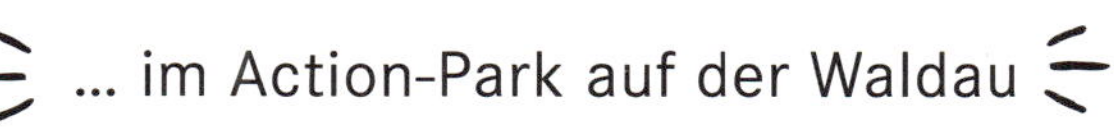

#2

Eine grüne Metallbox ist Stuttgarts schönste Muckibude. Drinnen liegen die besten Fitnessgeräte fürs Feierabend-Workout an der frischen Luft. Einen Vertrag braucht dafür niemand. App laden, Box öffnen – und ran an den Speck!

#Outdoorfitness #Draußensport #outoftheBox

App laden, Slot buchen, Smartphone ranhalten. Und dann schwitzen mit allerfeinstem Fernsehturmblick.

Von wegen Sesam öffne dich. Hier an der Waldau ist es sogar noch einfacher als im Märchen aus »Tausendundeine Nacht«. Man braucht nicht mal einen Zauberspruch, das Smartphone reicht. Ranhalten an die grüne Box, schon gehen die Türen auf. Im Innern liegt ein echter Schatz, zumindest für alle, die Fitness und Workout lieben. Drei Schubladen, vollgepackt mit Geräten, die die Muskeln fordern: Kettlebells und Medizinbälle für das Ganzkörperworkout. Fitness- und TRX-Bänder, um die Tiefenmuskulatur zu stärken. Eine Ladung Springseile ist dabei, ein paar Matten und einige Blackrolls. Damit kann man die verklebten Faszien mal wieder so richtig lockern. In der untersten Schublade findet man sogar eine Slackline und einen mobilen Lautsprecher. Am besten schon zuhause eine Workout-Songlist zusammenstellen für den besten Trainingssound. Abspielen – läuft!

Die Sport-Box steht am Rand des Action-Parks, so heißt die relativ neue Anlage zwischen Eiswelt und Waldau-Sporthalle. Sieht ein bisschen aus wie ein Spielplatz für Erwachsene, ist aber ein Outdoor-Fitnessstudio. Mit Reckstangen, Bänken und Hindernissen aus Beton, die ideal sind fürs Parkours-Training.

Wer nicht so scharf ist auf wilde Sprünge, beschränkt sich erstmal aufs Frischluft-Workout mit den Fitnessgeräten. Das reicht auch schon aus, um ordentlich zu schwitzen. Nach Buchung eines Zeitslots kann man eine Stunde lang trainieren. Trainingspläne und Videos gibt's in der App, Motivation muss man mitbringen. Und natürlich die App!

Die heißt »SportBox – app and move«. Am besten vorab runterladen, gegen eine ganz kleine Gebühr registrieren, und schon wird man frei-

geschaltet. Das Ausleihen selbst ist kostenfrei – das gilt nicht nur für die Box an der Waldau, sondern für alle Sport-Boxen in Deutschland. Wenn das mal kein guter Deal ist …

Auf der Waldau ist immer was los. Rund um den Fernsehturm treffen sich generell alle, die gerne sporteln, auf Fußballplätzen, in der Eishalle, an der Kletterwand oder beim Tennis. Den Action-Platz liebt, wer gerne draußen Muskeln trainiert. Über die App kann man übrigens ganz easy Freundinnen und Freunde einladen – gemeinsam macht das Workout am meisten Spaß.

Eine zweite Sport-Box steht in Bad Cannstatt beim Spielplatz Neckarine. Dort warten Frisbee, Wikingerschach, Badminton und Baseball. Für den nächsten Feierabend an der frischen Luft.

FAZIT: COOLE FITNESSGERÄTE UND MEGA FERNSEHTURMBLICK – DIE SPORT-BOX IST STUTTGARTS SCHÖNSTES FITNESSSTUDIO.

Hin & weg: Mit Stadtbahn U7/U8 bis Haltestelle Ruhbank.

Beste Zeit: Trockenes Wetter, damit man nicht beim Sporteln ausrutscht.

Dauer: Zeitslot buchen, 1 Std. trainieren. Und bei viel Power verlängern.

Ausrüstung: Sportklamotten und die App »SportBox – app and move«.

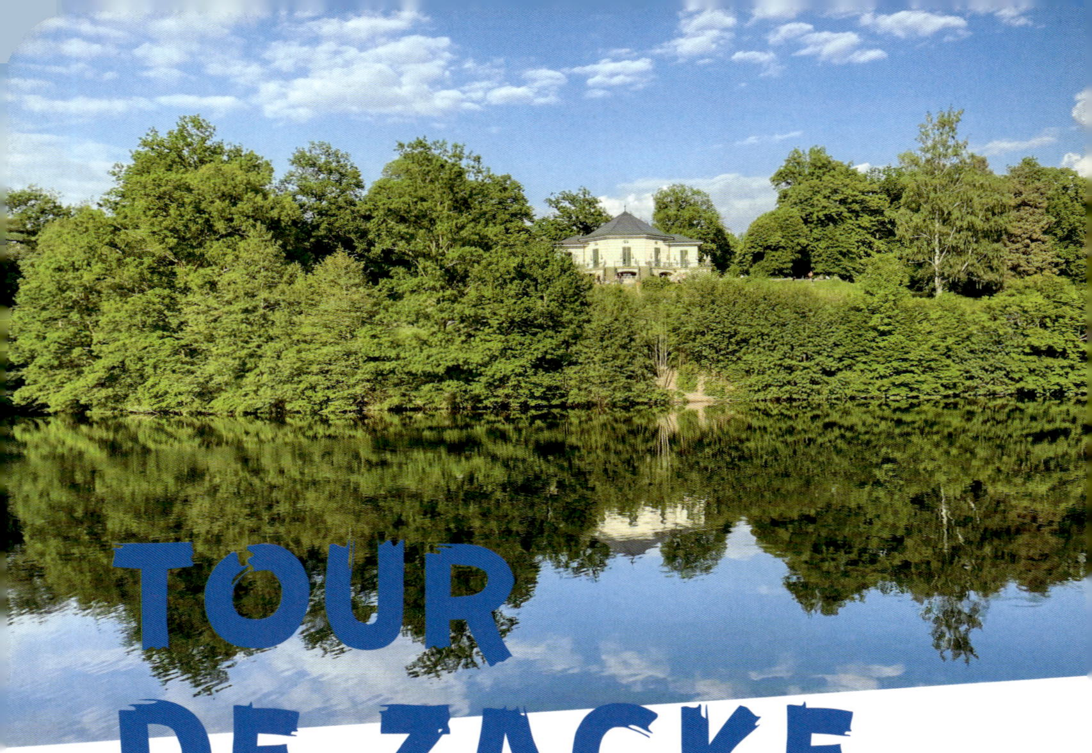

TOUR DE ZACKE

... mit dem Rad von Süd nach West

#3

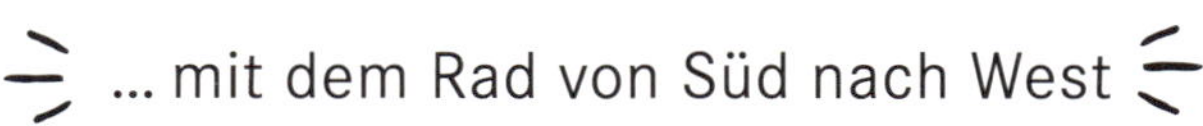

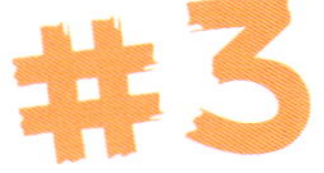

Stuttgart punktet zwar nicht mit vielen Radwegen, ist aber trotzdem gut für eine kleine Höhenrunde mit dem Bike. Vor allem, weil die Zacke das Rad kostenlos hoch nach Degerloch bringt. Von dort durch Wald und Wiesen einmal rund ums Bärenschlößle strampeln – und danach zurück in den Kessel sausen.

#Radrunde #Wald&Wiesentour #zackzack

→ DAMPF ABLASSEN

Zackige Radtour: Erst mit der Zahnradbahn rauf bis Degerloch, dann auf zwei Rädern zum Bärenschlößle.

Das gibt's wirklich nur in Stuttgart – eine Zahnradbahn mit Fahrradwagen. Rad am Marienplatz aufladen, einsteigen und dann hoch nach Degerloch. Wer mitfährt, freut sich gleich doppelt: über den Panoramablick und darüber, dass man die vielen Höhenmeter nicht hochstrampeln muss …

Die Zacke fährt seit 1884. Früher hat sie Feldfrüchte, Milchkannen und Baumaterial von den Filderorten runter in die Stadt transportiert. Heute laden vor allem Mountainbiker ihre Räder auf. Ihr Ziel ist die Downhillstrecke »Woodpecker Trail«. Ziemlich rasant führt sie von Degerloch über 27 Hindernisse runter in den Kessel.

Keine Sorge, die Tour de Zacke wird viel gemütlicher. Von der Endhaltestelle geht's erstmal topfeben auf der Degerlocher Landstraße

Richtung Sonnenberg. Vorbei an vielen Häusern, dann immer mehr im Grünen. Ab dem Waldorfkindergarten Sonnenberg lässt man das Stadtleben komplett hinter sich. Ab hier wird gemütlich zwischen braunen Äckern und saftigen Feldern geradelt. Bald wachsen die leckeren Erdbeeren. Da darf man schon mal vom Sommer träumen.

Weiter geradeaus, in der Ferne tauchen die ersten Häuser von Vaihingen auf. Achtung, Kurswechsel! Direkt am Ortseingang rechts

Waldetappe de luxe: Das Glemssträßchen führt zu Bäumen, Schlösschen und wilden Tieren.

abbiegen Richtung Nesenbachviadukt. Unten donnern Autos und Züge, oben geht's mit dem Rad über die Brücke. Die Paradiesstraße führt zwar nicht ins Paradies, aber durch Vaihingen wieder ins Grüne. Das Naturschutzgebiet Büsnauer Tal wartet. Hier standen früher die Gebäude der Staatsdomäne Büsnauer Hof. Auf den Wiesen und Weiden drumherum grasten Kühe, Schafe und Pferde.

Inzwischen stehen dort die großen Gebäude des Max-Planck-Instituts. Auf Höhe der Institutsgebäude biegt man rechts ab, denn der Höhepunkt der Tour wartet ja noch: das Bärenschlössle (www.baerenschloessle-stuttgart.de). An den Seen beginnt der ruhigste Teil der Tour. Das Wasser, der Wald - und das Schloss. Pure Entspannung auf zwei Rädern. Wer eine kurze Pause braucht: In der Gastro am Bärenschlössle wartet ein Radler oder eine Apfelschorle. Das kühle Getränk genießt man am besten mit Blick auf den See.

Danach startet die Waldetappe. An der Wildmeisterei einmal scharf rechts, schon befindet man sich auf dem Glemssträßchen. Auf der Allee durch den Wald, den Wind um die Nase - so ist der Alltag ganz weit weg. Mit etwas Glück sieht man am Rotwildgehege echtes Wild und fährt anschließend Richtung Birkenkopf weiter. Wer noch Körner hat, nimmt den Gipfelanstieg zum Monte Scherbelino (Eskapade #15) mit, alle anderen sausen beseelt zurück in den Kessel.

FAZIT: AUCH WENN STUTTGART KEINE RADSTADT IST, DIE TOUR DE ZACKE ENTSCHÄDIGT FÜR VIELES.

Hin & weg: Mit der Zacke samt Rad vom Marienplatz hoch nach Degerloch, ab da Rundtour zurück zum Marienplatz.

Beste Zeit: Frühjahr–Herbst bei trockenem Wetter. Die Tour führt auch über Waldwege, die schnell matschig werden.

Dauer & Strecke: 1 Std. für 19,5 km.

Ausrüstung: Rad und Helm.

PING UND PONG

... im Schlossgarten und in ganz Stuttgart

#4

Manchmal sind es die simplen Dinge, die helfen, abzuschalten. Zwei Schläger, ein Ball, und auf geht's zu einer Runde Pingpong im Park! Ein paar Minuten schmettern und schnippeln, dann sieht die Welt schon wieder ganz anders aus. Outdoor-Tischtennis ist der neue Trendsport für den Feierabend!

#UrbanPingponging #Plattentanz #SpielSatzSieg #Lieblingsplatte

Schnippeln und schmettern im Grünen. Und dann einmal Rundlauf um die Lieblingsplatte. Läuft!

Pingpong ist schwer im Kommen. Auch im Kessel boomt der Straßensport. Nicht nur an Sommerabenden sind die Platten heiß begehrt. Zum Glück findet man sie überall – auf Plätzen, vor Kirchen, in Parks und auf dem Spielplatz. Rund 200 gibt's in der Stadt. Ganz egal, ob man gerne locker-lässig zockt, profimäßige Bälle schmettert oder beim Rundlauf mit den best friends den Abend genießt: Stuttgart hat für jedes Match den passenden Ort.

Im unteren Schlossgarten locken gleich mehrere Platten. Zwei davon praktisch gelegen neben der Stadtbahnhaltestelle Mineralbäder. Eine aus Beton, die andere ein paar Meter weiter vor dem Biergarten des Flora & Fauna mit Blick auf See und Bäume. Gespielt wird hier nicht auf Stein, sondern auf blauem Kunststoff. Glatter und schneller, sagen die Profis. Na dann: game on!

Auch wenn das letzte Match ein paar Jahre her ist – Tischtennis verlernt niemand! Manche sind schon happy, wenn sie den Ball mit viel Pingpong hin und her spielen und die Platte treffen. Andere schmettern sich die Bälle nur so zu. Spaß macht beides, und manchmal kommt man ganz schön ins Schwitzen.

Das isotonische Kaltgetränk gönnt man sich nach dem Match im Biergarten. Und Pommes rot-weiß. Die Welt ist schön! Falls die Platte nach der Pause besetzt ist: Beim Schlossparkkiosk gegenüber den Grillstellen stehen noch mehr, allerdings aus Stein.

Unterhalb der Karlshöhe, an der Mörikestraße, steht eine Platte für die Fitnessfraktion. Dort gibt's nach dem Warmup beim Tischtennis auch ein Beachvolleyballfeld, einen Basketballplatz und eine Calisthenics-Station.

Wer's ruhiger mag: Rund um die Platten auf den Stuttgarter Kirchplätzen geht's gemütlich zu. Ein ruhiges Match erwartet einen zum Beispiel vor der Paul-Gerhardt-Kirche im Westen oder vor der Matthäuskirche am Erwin-Schöttle-Platz.

Sehen und gesehen werden, heißt es am Marienplatz. Zwischen Pizza, *gelato* und Hipstern wird geschmettert, was die Schläger hergeben. Noch so ein Hotspot ist die Platte am Eugensplatz mit Eis und Cocktails in der Nähe (Eskapade #27) und mega Aussicht. Einen besseren Blick beim Feierabendmatch hat man nur auf der Geroksruhe oder am Bismarckturm.

Wer nur ein paar schnelle Bälle schlagen will, findet seine Lieblingsplatte ganz sicher direkt in der Nachbarschaft. Viele prima Spots stehen auf www.pingpongmap.net/stuttgart.

FAZIT: RUNDLAUF MACHT SPAß – UND SCHNELL SÜCHTIG.

Hin & weg: Mit der U2/U14 bis zu den Mineralbädern. Die Platten stehen ein paar Schritte von der Haltestelle entfernt im Biergarten des Flora & Fauna (www.floraundfauna-stuttgart.de).

Beste Zeit: In der Abendsonne – und vor allem bei Windstille.

Dauer: Maximal fünf Sätze. Oder ein neues Match.

Ausrüstung: Schläger und Ball, *that's it*.

AUF DEN BLOCK

… beim Open-Air-Bouldern in Feuerbach

#5

Rechter Griff, linker Griff, rechter Fuß, raufziehen und dann das Ganze wieder von vorne. Bouldern ist Workout und Meditation in einem. Es macht Arme und Beine müde. Und den Kopf frei – denn der ist beim Bouldern auch richtig gefordert.

Da steht er im Grünen, mitten im Park. Wie ein grauer Fels mit kleinen, bunten Tupfen. Der Schelm 48, Stuttgarts Open-Air-Boulder-Block. Hier sind alle richtig, die einfach mal ausprobieren wollen, wie sich Bouldern so anfühlt. Spontan, an der frischen Luft und ohne Eintritt. Das gibt's in Stuttgart selten.

Erstmal aufwärmen. Vier, fünf Runden locker um den Block durch den Sand laufen, schon sind die Muskeln warm. Dann noch ein paar Hampelmänner, eine Runde Armkreisen, ein paar Klimmzüge – und ran an den Block. Rot, blau oder gelb, die bunten Knöpfe sind der Weg. Kurz über die Route nachdenken und los. Gar nicht so einfach. Irgendwie hängt man ziemlich unbeweglich an der Wand. Nie mit den Armen hochziehen, sondern mit den Beinen hochdrücken, das spart Kraft! Außerdem den Körper immer eng an die Wand.

Am Schelm 48 braucht man keine Seile, keinen Gurt und keine Sicherung. Als Anfänger klettert man nur so weit hoch, wie man ohne Verletzungsgefahr abspringen kann. Mit Kletterschuhen geht's viel einfacher. Wer keine hat, steigt in Sportschuhe mit weicher Sohle.

Was man sonst noch so braucht? Kraft in den Fingern, Körperspannung, Beweglichkeit, die richtige Technik. Doch keine Sorge: Krafttraining ist fürs erste Mal nicht nötig. Nur mit Muckis kommt man an der Wand nicht weit. Außerdem ist der Block kompakt und überschaubar und so absolut anfängertauglich.

Die ersten Griffe und Schritte sind anstrengend. Immer wieder die gleiche Frage: »Und wie komme ich jetzt hier weiter?« Tipp von Profis: Wenn man feststeckt, Hüfte drehen, nach rechts, nach links, das spart Kraft. So

Ran an den Block: Der Schelm 48 ist Stuttgarts buntester Felsen. Hier werden alle zu Klettermaxen.

kann man Schwung holen, um sich weiter zum nächsten Boulder zu schwingen. Auch wichtig: Immer das Gewicht auf drei Punkte geben, zum Beispiel auf beide Hände und einen Fuß. Dann kann der zweite Fuß sich frei bewegen.

Durchhalten ist das A und O. Wer mit dem Kopf bei der Sache ist, schafft selbst schwierige Strecken. Und das Glücksgefühl danach tut einfach gut, schon bei den ersten kleinen Strecken. Bouldern ist ideal, um sich selbst wieder mal was zuzutrauen und das Selbstwertgefühl zu pushen.

Gesund ist der Sport besonders für alle, die am Schreibtisch sitzen. Die Kletterbewegungen stärken die Muskeln im Rücken und den Schultern, man wird beweglicher und flexibel. Der ganze Körper wird gestreckt. Wo die Schwachstellen sind, zeigt der Muskelkater am nächsten Tag.

Wer Spaß am Bouldern hat, findet in Stuttgart viele Kletterhallen. In der Rockerei in Zuffenhausen gibt's einen Boulderbereich, eine Kletterwand und einen Klettersteig (www.rockerei-stuttgart.de). In Degerloch steht die Boulderhalle Vels mit 300 Routen, die regelmäßig wechseln (www.vels-stuttgart.de). Auf der Waldau im Kletterzentrum Stuttgart sind Klettermaxe ohne Vorkenntnisse ebenfalls wilkommen (www.kletterzentrum-stuttgart.de). Alle bieten Anfängerkurse, in denen Profis erklären, wie man richtig klettert und richtig fällt. Am Schelm 48 landet man im weichen Sand. Der ist auch gut für eine Pause nach der Kletterpartie. Ein bisschen Strandfeeling schadet ja nie.

FAZIT: BOULDERN IST EIN MIX AUS ANSTRENGUNG FÜR DIE MUSKELN UND DEM GEFÜHL, VÖLLIG ABSCHALTEN ZU KÖNNEN. DAS MACHT SCHNELL SÜCHTIG.

Hin & weg: U6/U13/U16 bis zur Station Wilhelm-Geiger-Platz. Von dort ca. 10 Gehminuten an der Festhalle Feuerbach und der Kerschensteiner-Schule vorbei, dann hoch bis zum Boulder-Block.

Beste Zeit: Unbedingt bei trockenem Wetter, sonst werden die Griffe zu rutschig.

Dauer: Bis die Oberarme schmerzen.

Ausrüstung: Wer hat, Boulder- oder Kletterschuhe. Und Geduld, zum Üben.

FEEL GOOD, DO GOOD

... beim Plogging auf der Waldebene Ost

Becher, Dosen, Plastikreste: Hier kommt alles in die Tüte! Beim Plogging wird die Joggingrunde zur Mülltour. Eigentlich könnten alle gut auf diese Trendsportart verzichten. Doch schon eine kurze Runde im Wald zeigt, wie wichtig dieses besondere Workout ist.

#happyPlogging #allesindieTüte #Plogging #Plogga

Kommt auf jeden Fall in die Tüte: Die Waldebene Ost ist leider ein ideales Plogging-Revier.

→ DAMPF ABLASSEN

Schweden hat es vorgemacht. Als der Umweltaktivist Erik Ahlström nach Stockholm zog, fiel ihm auf, wie viel Müll dort herumlag. Also packte er eines Tages Mülltüte und Handschuhe für seine Joggingrunde ein, und das Plogging war geboren – eine Kombination aus *Jogging* und *plocka*, dem schwedischen Wort für Sammeln. Seither treffen sich nicht nur in Schweden Laufgruppen, um gemeinsam zu sporteln und nebenbei Müll zu sammeln.

Die vielen Wälder um Stuttgart sind leider ein gutes Plogging-Revier. Auch die Waldebene Ost. Weggeworfene Zigarettenstummel, leere Flaschen und Verpackungen, Dosen, Werbeprospekte – alles Mögliche liegt am Wegesrand oder im Gebüsch. Achtlos zurückgelassen. Mitten im Wald, wo der Müll auf keinen Fall hingehört.

Bei dem vielen Abfall wird die Runde zum Workout für den ganzen Körper: Müll entdecken, bücken, in die Hocke gehen, danach strecken, wieder hoch, anlaufen. Ganz schön anstrengend. Zahlt sich aber aus, nicht nur für die Umwelt. Das ständige Bücken und Aufsammeln aktiviert die Rumpfmuskeln, die beim normalen Joggen sonst nur wenig zu tun haben. Plogging ist also perfekt für die Fitness und macht einen knackigen Po und straffe Beine.

Den Wald vor lauter Müll nicht sehen: Am Ende der Ploggingrunde ist der Müllberg hoch und die Natur sauberer.

Bei der ersten Mülltour braucht man aber ehrlich gesagt schon etwas Überwindung. Mit Plastiktüte und Handschuhen fällt man auf im Wald. Wer von anderen, die hier joggen, spazierengehen oder radeln, nicht ganz so doof angeschaut werden will, sucht sich am besten ein paar Verbündete. In der Gruppe geht man eher unter, und die Feierabendrunde macht auch mehr Spaß.

Wem Joggen zu anstrengend ist, der kann natürlich auch im Walking-Tempo seine Runde

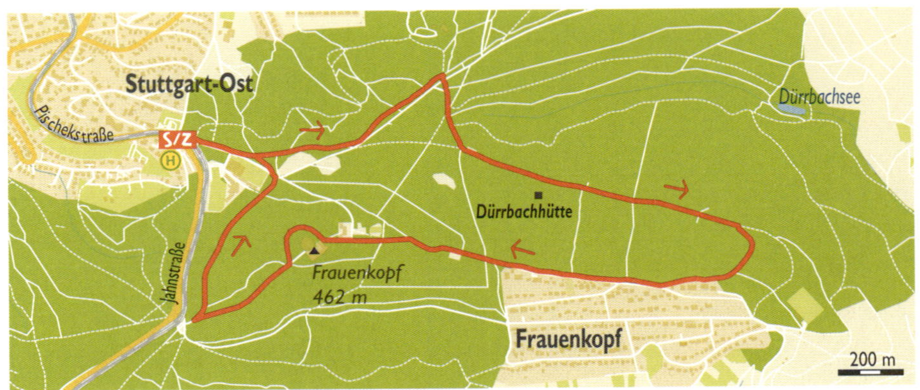

absolvieren oder beim Spazierengehen Abfall sammeln. Auch dafür gibt's übrigens schon einen lustigen Namen: Plalking.

Bevor nach der Plogging-Einheit die Mülltüte entsorgt wird: Foto machen und in den sozialen Netzwerken unter #plogging oder #plogga posten. Ob in Stuttgart, Stockholm oder San Francisco – überall auf der Welt zeigen verschwitzte Menschen stolz ihre gefüllten Müllsäcke. Und zeigen damit: Jeder Schritt kann etwas bewirken.

Auf der Waldebene Ost stecken nach fünf Kilometern und 40 Minuten Masken, Flaschen, jede Menge Hundetüten (auch volle!), Zigaretten und unzählige Taschentücher in der Tüte. Man könnte ewig weitersammeln, kommt fast schon in einen Rausch. Gut, dass der Müllbeutel voll ist. Beim nächsten Mal geht's weiter.

FAZIT: PLOGGING IST GUT FÜR DEN KÖRPER – UND VOR ALLEM FÜR DIE UMWELT. JE MEHR MITMACHEN, DESTO BESSER.

Hin & weg: Mit der U15 zur Geroksruhe, dann eine Plogging-Runde durch den Wald.

Beste Zeit: Am dritten Samstag im September ist World Cleanup Day, aber auch sonst jederzeit.

Dauer & Strecke: 45 Min. für 5 km. Kann verlängert werden, so lange die Kondition reicht. Müll gibt's leider mehr als genug.

Ausrüstung: Müllsack, Handschuhe und Sportklamotten.

10'6

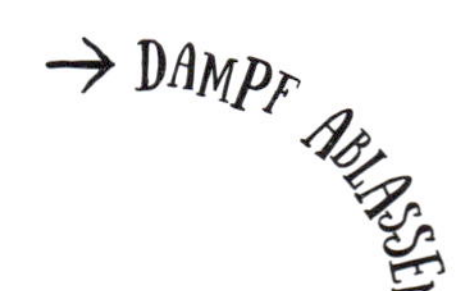

ALLES IM FLUSS

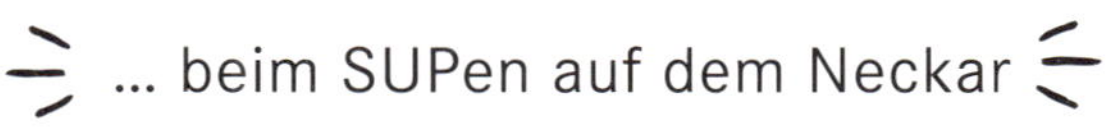

#7

Wenn mal wieder so richtig Dampf ist im Kessel, dann steigt die Sehnsucht nach etwas Abkühlung. Stuttgart hat nicht wirklich viel Wasser zu bieten – aber immerhin den Neckar. Beim Stand-up-Paddeln stromabwärts lässt man die Hitze der Stadt schnell hinter sich.

#SUPiraten #Neckarkreuzfahrt #mitdemStrom #SummerLove

Alle Mann an Bord – und dann volle Kraft voraus in den Feierabend.

Die kleine Feierabend-Kreuzfahrt beginnt mitten in der Stadt: An der Wilhelma raus aus der Bahn, runter an den Neckar und rauf aufs Brett. Das ist in wenigen Minuten aufgepumpt und startklar. Los geht das Abenteuer!

Erstmal die Balance finden und sich treiben lassen. Rechts paddeln, links paddeln und genießen. Bad Cannstatt vom Neckar aus – eine ganz neue Perspektive! Flussabwärts sind schon die qualmenden Schornsteine des Kraftwerks Münster zu sehen. Davor gleitet man vorbei an Graffitis und Industriekulisse.

Der Fluss bringt einen raus aus der Stadt und dem Alltag. Schnell gewöhnt man sich an das Brett; auch Anfängern fällt das auf dem Neckar nicht schwer. Eigentlich bedeutet der keltische Name so viel wie heftiger, schneller Fluss. Doch davon ist nichts zu spüren. Keine Welle, keine Strömung. Nur Ruhe. Nach den Kraftwerken in Münster wird die Umgebung dann immer grüner. Am Ufer stehen hohe Bäume, dahinter steile Weinberge. Die Wolken ziehen rasch vorbei. Fühlt sich an wie Urlaub!

Vor lauter Träumen aber nicht vergessen, dass auf dem Fluss auch andere unterwegs sind. Kleine Motorboote, größere Schiffe, flotte Rudermannschaften – mal steuerbord, mal backbord. Also Augen auf! Aye, aye, Käpt'n!

Wer sich unterwegs mal ausruhen möchte, kein Problem! Einfach aufs Board knien und treiben lassen oder entspannt auf den Knien weiterpaddeln. Das Schöne an dieser Route: Es geht immer geradeaus, Schleusen gibt's erstmal keine. Dafür kreuzen ab und zu Enten und Schwäne den Weg und schwimmen schnatternd neben dem Brett.

Immer im Fluss: Der Neckar zeigt den Weg. Zurück geht's entspannt mit der Bahn.

Gefühlt rast die Zeit hier draußen. Wie wär's mit einem Abstecher? Kurz vor dem Max-Eyth-Steg wartet auf der linken Seite eine coole Location: das Riverhouse mit eigenem Beach (www.riverhouse.de). Anlegen, Kaltgetränk in die Hand und Füße in den Sand – so geht Sommer in Stuttgart. Und danach ganz easy zurück zum Ausgangspunkt paddeln. Keine Sorge, der Neckar fließt so langsam, dass man relativ leicht gegen den Strom ankommt. Oder man fährt einfach ein Stück weiter bis zum Wassersportcenter (Ausstieg vor der Schleuse rechts), lässt die Luft raus und nimmt die Stadtbahn zurück (Haltestelle Hofen).

Wer nicht genug kriegt, trägt das Board rüber und paddelt eine Runde auf dem Max-Eyth-See. Dort kann man dem heißen Kessel noch eine Weile entkommen. Und bis Sonnenuntergang ist es ja noch lange hin.

FAZIT: COOLES FEIERABEND-ABENTEUER MIT URLAUBSFEELING. UND STUTTGART LIEGT DOCH AM WASSER!

Hin & weg: Mit der U14 bis zur Wilhelma, Einstieg mit dem Paddelboard unter der Eisenbahnbrücke. Alternativ: U14 bis Mühlsteg, Einstieg beim Hallenbad Cannstatt.

Beste Zeit: Lauer Sommerabend.

Dauer & Strecke: 1,5 Std. für die 7 km bis zur Schleuse am Max-Eyth-See und zurück. Kann erweitert werden, z. B. mit einer Runde über den See.

Ausrüstung: Paddelboard, Paddel und Schwimmweste. Ausrüstungsverleih z. B. am Charlottenplatz bei www.seezeit-verleih.de

---

UP AND DOWN

... im Wernhaldenpark im Süden

Kleiner Powerwalk nach Feierabend? Dann ab in den Wernhaldenpark. In steilen Serpentinen geht's nach oben. Über kleine Brücken und unter riesigen Mammutbäumen hindurch. Wer den Aufstieg geschafft hat, wird belohnt: mit einem atemberaubenden Blick in den Stuttgarter Kessel.

#ImWalking #steilsteilerWernhaldenpark #halloBaumriesen

→ DAMPF ABLASSEN

Steil, steiler – Wernhaldenpark! Hier kommen alle ins Schwitzen.

Auf der Neuen Weinsteige rauscht der Verkehr Richtung City. Doch nur ein paar Schritte weiter fühlt man sich plötzlich wie in einer anderen Welt. Großstadthektik? Fehlanzeige! Der Wernhaldenpark ist ein ruhiger Ort mitten im Stuttgarter Süden. Unerwartet. Versteckt. In bester Hanglage.

Los geht der Feierabend-Powerwalk ganz unten. Leichtes Warmup ab der Bushaltestelle Zellerstraße. Erstmal immer der Immenhoferstraße folgen, bis zum Eingang in die Parkanlage. Von dort die Serpentinen hinauf, gegen den Uhrzeigersinn. Mit schnellen Schritten übers Kopfsteinpflaster, dann ein paar Treppenstufen. Der Puls rast nach oben. Steil, steiler, Wernhaldenpark.

Einmal kurz durchschnaufen? Bitteschön! Am besten bei einem Stopp an den Mammutbäumen. Ja, richtig, echte Mammutbäume stehen hier, fast 40 Stück. Ein Blick hinauf am dicken, rotbraunen Baumstamm lässt einen staunen. Mehr als 150 Jahre haben sie schon auf dem Buckel. Und ihre Geschichte ist zu gut, um sie nicht zu erzählen: Es war König Wilhelm I., der 1864 in Kalifornien für 90 Dollar Samen eines Mammutbaumes bestellte – ein ganzes Pfund davon. Weil der König nun viel zu viele dieser winzigen Samen hatte, gab er der königlichen

Was 'ne Route: Der Blick rauf in die Mammutbäume ist gigantisch, ebenso der runter in den Talkessel.

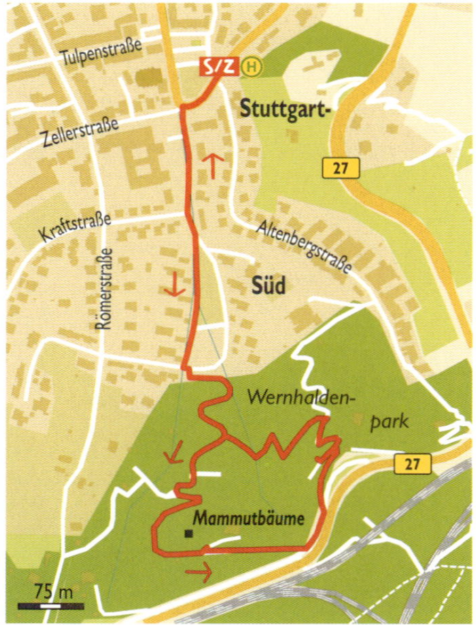

Forstdirektion einen außergewöhnlichen Auftrag. Sie sollten für ihn Tausende Jungpflanzen der exotischen Baumart mit dem schwierigen Namen Sequoiadendron giganteum im Kalthaus der heutigen Wilhelma aufziehen. Danach wurden die Setzlinge in königlichen Wäldern, Schlossgärten und Parks angepflanzt. So kamen ein paar Exemplare 1866 wohl auch in den Wernhaldenpark.

In all den Jahren sind sie immer weiter in den Himmel gewachsen. Wer sich traut, nimmt einfach mal einen der Bäume in den Arm. Ein bisschen Nähe zur Natur kann ja nicht schaden ... Anschließend geht's voll neuer Energie weiter bis zum höchsten Punkt der Anlage. Zu gut, um nicht wieder kurz zu stoppen. Zwischen Bäumen und Wiesen liegt die Stadt vor einem. Was für ein Blick auf den Stuttgarter

Talkessel! Erstmal eine Runde dehnen, dann entspannt ins Gras setzen und genießen.

Das Gute an der Route: Runter ist alles easy. Mit federnden Schritten, fast von alleine über Treppen und schmale Wege hinab in die kleine Schlucht. Hier wird es nochmal abenteuerlich. Ein Sprung über einen Stamm und dann über den kleinen Bach – yeah! Die Wernhalde ist fast schon Trailrunning. Und das mitten in der Stadt.

Wer fit ist, legt gleich noch eine Runde nach. Ach, übrigens: Im Wernhaldenpark stehen einige Bänke und Tische. Dieser verwunschene Ort ist also auch für ein Abendessen an der frischen Luft eine super Adresse. Die Kalorien kann man ja dann am nächsten Abend wieder abtrainieren.

FAZIT: VERSTECKTER PARK MIT KLEINEM POWERWALK. SO STEIL, DASS MAN RICHTIG INS SCHWITZEN KOMMT.

Hin & weg: Bus 43 bis Zellerstraße, zu Fuß zum Eingang Wernhaldenpark an der Immenhoferstraße.

Beste Zeit: Geht immer, außer bei Regen und Schnee, dann sind die steilen Wege zu rutschig.

Dauer & Strecke: 0,5 Std. für 1,5 km.

Ausrüstung: Joggingschuhe und Trinkflasche.

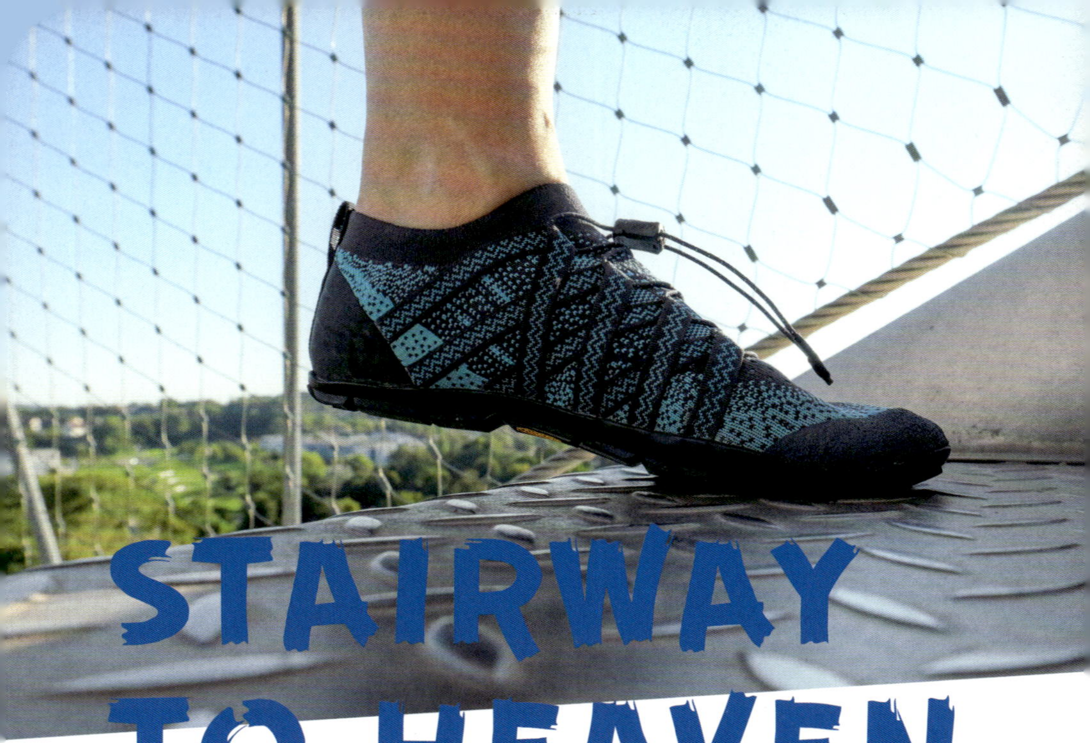

STAIRWAY TO HEAVEN

… im Höhenpark Killesberg im Norden

#9

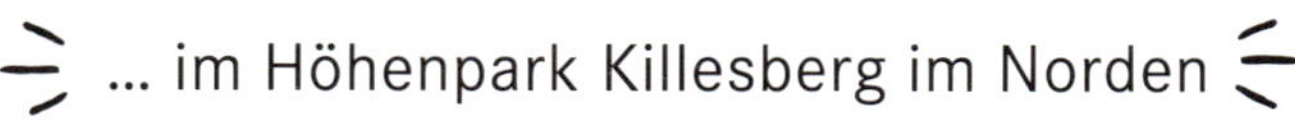

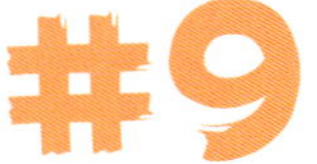

174 Stufen rauf und wieder runter: Das Treppen-Workout ist ideal für alle, die nach Feierabend noch etwas für ihre Fitness tun wollen. Der Killesbergturm ist nämlich ein echter Kalorienkiller. Und zudem geht's ganz hoch hinaus!

#whataView #KillesbergBaby #Kalorienkiller #TourdeKillesberg

174 Stufen ins Glück: Der Treppenlauf auf den Killesbergturm gehört zu den Stuttgarter Highlights.

Treppen gibt's im Kessel viele, immerhin ist Stuttgart die Stadt der Stäffele. Da kann man ganz schön aus der Puste kommen. Und auch diese 174 Stufen haben es in sich. Sie führen auf Stuttgarts hübschesten Aussichtsturm – den Killesbergturm im Norden der Stadt.

Bevor die Treppenfitnessstunde losgeht, steht erstmal ein leichtes Warmup an. Von der Stadtbahn-Station einmal locker joggend durch den Park, vorbei an Dampfbahn und Rosengarten.

Das Ziel ist nicht zu übersehen: Seit 2001 steht der Turm mitten in Stuttgarts schönster Parkanlage. Wie eine Schraube dreht er sich in den Abendhimmel. 42 Meter hoch, ein filigraner Gigant aus Stahlseilen, Plattformen und – genau – ziemlich vielen Stufen.

Das Wichtigste zuerst: Eintrittsgeld ins Kässle werfen, dann kann das Workout starten. Treppensteigen steht übrigens ganz oben auf der Liste der Kalorienkiller. Wenn das mal kein

Einmal winken, bitte! Direkt gegenüber steht der Fernsehturm.

Ansporn ist! Trotzdem lieber langsam anfangen. Schritt für Schritt, Stufe für Stufe. Über die Wendeltreppe bis zur ersten Plattform.

Doch es ist keine Zeit für einen Blick in den blauen Abendhimmel. Weiter, immer weiter. Alle, die noch nicht so im Training sind, stapfen im relaxten Tempo nach oben. Fortgeschrittene steigern einfach die Geschwindigkeit, nehmen zwei Stufen auf einmal oder bauen Crosslegs ein. Wie das geht? Ein Bein abwechselnd vor und hinter dem anderen Bein kreuzen und so seitwärts nach oben klettern. Hört sich leichter an, als es ist, macht aber Spaß.

Egal, wie man sich hinaufbewegt: Jede neue Stufe treibt definitiv den Puls in die Höhe. Ja, Treppensteigen ist hart, allerdings auch extrem effektiv. Kondition und Koordination werden gestärkt und natürlich Po-, Oberschenkel- und Wadenmuskulatur. Wer die Arme im Wechsel mitnimmt, trainiert zudem ganz nebenbei auch noch den Oberkörper. Da werden die Kilos nur so schmelzen!

Weiter hochschnaufen. Nach 174 Treppenstufen ist es geschafft. Die vierte Plattform, Top of Stuttgart-Nord! Durchatmen, dehnen und endlich den Panoramablick genießen. Über den grünen Park mit Karussell, Blumenbeeten und Biergarten. Übers Häusermeer Richtung Stadion, Gaskessel und Mercedes-Benz-Museum. Und dann einmal rüber zum Fernsehturm winken. Mega!

Hallo, Abendsonne! Das Licht vor Sonnenuntergang macht den Turmlauf einzigartig.

Hier oben weht einem meist ganz schön der Wind um die Nase. Macht aber nichts. Die Abendsonne taucht die Welt in ein besonders Licht. Und irgendwie ziehen die Wolken so schnell vorbei, dass sie den Stress des Tages einfach mitnehmen.

Runter vom Turm geht‘s dann ziemlich entspannt. Gegenläufig auf der anderen Seite, sehr praktisch, so kommt einem niemand entgegen. Nur nicht vor lauter Euphorie zu schnell werden, sonst leiden die Bänder. Wer zurück am Boden noch nicht genug hat, dreht eine Runde durch den herrlichen Park und startet dann einfach nochmal durch. 174 Stufen rauf, 174 wieder runter. Mit lieben Grüßen an Bauch, Beine und Po!

FAZIT: UNKOMPLIZIERTES WORKOUT IM GRÜNEN MIT BESTEM 360-GRAD-BLICK.

Hin & weg: U5 bis zur Endstation Killesberg, joggend weiter.

Beste Zeit: Frühling, Sommer, Herbst – der Turm (www.killesbergturm.de) ist täglich bis zum Einbruch der Dämmerung geöffnet und lockt mit seiner wunderbaren Weitsicht.

Dauer: 348 Stufen, 5 Min. Powerwalk. Wer will, joggt danach einfach noch eine Runde weiter durch den Park.

Ausrüstung: Joggingschuhe, Trinkflasche und etwas Kleingeld für den Turmeintritt. Ach ja, schwindelfrei sollte man sein!

TANZ AUF DEM SEIL

#10

Sieht einfacher aus, als es ist – aber der wackelige Tanz auf dem Seil macht Spaß und schnell süchtig! Wer die Balance schon gefunden hat: Im Unipark mitten in der Stadt gibt's die besten Tricks von den Profis.

#Slacklife #100ProzentBalance #abaufsSeil

Die einen sitzen, die anderen slacken: Auf der Line ist der Stress ganz schnell vergessen.

Die Slackline wackelt hin und her. Da hilft nur tief einatmen, ausatmen – und langsam einen Fuß vor den anderen setzen. Schritt für Schritt und vor allem volle Konzentration, sonst fällt man ganz schnell runter. Doch keine Sorge: Für Anfänger ist die Slackline kurz und tief gespannt, so fangen hier alle an.

Im Stadtgarten an der Universität treffen sich während der Sommermonate Anfänger und Cracks, um eine Runde zu slacken. Denn mitten im Grünen, zwischen Bäumen und Skulpturen, darf man ganz offiziell die Slackline spannen. Dafür gibt's extra Pfähle, damit keine Bäume verletzt werden.

Wer noch keine eigene Line hat, kommt einfach dienstags zum offenen Training. Ausreden zählen nicht: Socken aus und rauf aufs Band. Die meisten starten barfuß, irgendwie fühlt sich das Ganze dann stabiler an. Profis tragen übrigens spezielle Schuhe, vor allem wenn sie ihre Tricks zeigen. Und einige haben es echt drauf! Ein Salto auf der Highline? Wow!

Wer noch keine großen Sprünge macht: Langsames Balancieren ist schon ziemlich gut; irgendwie ein bisschen wie Meditieren. Auf der Line vergisst man ganz schnell den Stress. Slacken fordert den Körper – und den Kopf. Perfekt zum Runterkommen nach Feierabend!

Entstanden ist der Sport eher zufällig in den 1980er-Jahren in den USA. Als Kletterer wegen der schlechten Sicht auf dem Boden bleiben mussten, übten sie so, mit ihrer Ausrüstung die Balance zu halten. Aber auch in Stuttgart sah man schon früh Menschen komische Verrenkungen auf Seilen machen. Und in der Stadt sitzt mit Gibbon einer der größten An-

bieter rund um diesen Trendsport. Deshalb ist Stuttgart eine echte Slackline-Hochburg. Offizielle Plätze findet man inzwischen einige, zum Beispiel im Unteren Schlossgarten. Auch am Action-Park an der Waldau (Eskapade #2) kann man sich eine Slackline aus der Sport-Box ziehen und in den Feierabend balancieren. Doch der Unipark ist definitiv der beste Spot im Kessel. Mitten in der Stadt, trotzdem im Grünen. Und die Stimmung ein Mix aus Open-Air-Festival und Zirkus. Die einen slacken, die anderen jonglieren, manche schaffen sogar beides gleichzeitig. Irgendwo läuft immer Musik, irgendjemand hat sicher eine Gitarre dabei.

Wer zu müde ist fürs Seiltanzen: Zuschauen von der Picknickdecke aus ist auch okay. Dazu eine Pizza vom Italiener ums Eck. Und chillen, bis die Sonne hinterm Berliner Platz untergeht ...

FAZIT: SLACKEN IST COOL. UND DER UNI-PARK DEFINITIV THE BEST SPOT IN TOWN. AUCH ZUM ZUSCHAUEN!

Hin & weg: Mit der U14/U29 zum Börsenplatz oder mit der Buslinie 40/42 zum Katharinen-hospital. Dann zu Fuß zum Stadtgarten, direkt am Unicampus.

Beste Zeit: Mai–Oktober. Dienstagabends findet ein offenes Slackline-Treffen statt.

Dauer: 1–2 Std. sind schnell vorbei.

Ausrüstung: Bequeme Kleidung. Und eine große Portion Geduld. Wer lieber zuschauen mag, packt die Picknickdecke ein.

BARFUß INS GLÜCK

… um das Haus des Waldes in Degerloch

Waldbaden ist perfekt, um sich zu entspannen. Wer das noch nie probiert hat, ist am Haus des Waldes richtig. Dort gibt's den Sinneswandel-Pfad. Schritt für Schritt zur Tiefenentspannung – und zwar am besten barfuß!

#Waldwalk #wilderWald #meinFreundderBaum #Ommmm

Raus aus den Schuhen, rein ins Glück. Wer den Wald mit allen Sinnen spürt, entspannt sofort.

→ DAMPF ABLASSEN

Fürs Waldbaden braucht man nicht viel – nur Bäume. Umso besser, dass in Stuttgart so viele davon stehen. 5000 Hektar Wald gibt's in der Stadt, das entspricht etwa einem Viertel der Stadtfläche. Zum nächsten Baum ist es also nie weit. Wer sein erstes Waldbad nehmen will und noch nicht so genau weiß, wie das geht, fährt am besten nach Degerloch zum Haus des Waldes. Das bietet nicht nur ganz viel Programm rund um den Wald, dort beginnt auch der Sinneswandel-Erlebnisweg.

Fünf verschiedene Stationen motivieren dazu, sich voll und ganz auf die Natur einzulassen. Tasten, sehen, hören, riechen, schmecken – alles ist erlaubt – beim Waldbaden.

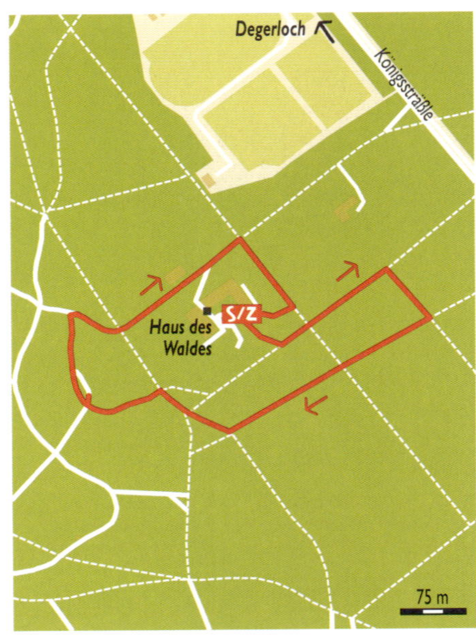

Shinrin yoku, so heißt das Ganze in Japan. Dort untersuchten Wissenschaftler, wie das Erlebnis in der Natur stressgeplagten Stadtmenschen helfen kann. Ihre wichtigste Erkenntnis: Ist man im Wald unterwegs und lässt sich mit allen Sinnen auf die Natur ein, reduziert man Stresshormone und vermehrt Abwehrzellen des Immunsystems. Waldbaden ist gesund, sagen die Experten.

Wer es ausprobiert, den fasziniert vor allem, dass die Zeit im Wald scheinbar stillsteht, Körper, Geist und Seele zur Ruhe kommen. Der Stress geht, die Entspannung kommt. Fast von alleine.

Wichtigster Tipp für Waldbade-Anfänger: Nicht hetzen, sondern schlendern! Hört sich einfacher an, als es ist. Deshalb am besten erst-

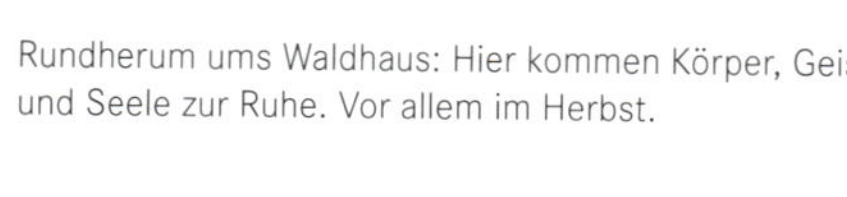

Rundherum ums Waldhaus: Hier kommen Körper, Geist und Seele zur Ruhe. Vor allem im Herbst.

mal die Schuhe ausziehen. Denn wenn man barfuß läuft, ist man automatisch langsamer unterwegs.

Außerdem werden die Füße gut durchblutet. Steine, Lehm, Tannennadeln, Blätter, Moos, Sand – jeder Untergrund fühlt sich in der Natur anders an. Und wer bewusst auf diese Kleinigkeiten achtet, ist erstaunt, wie gelassen man allein dadurch auf einmal wird.

Zweiter Tipp: Vom Rundweg abbiegen und rein in den Wald. Tannenzapfen sammeln. Kreuz und quer über Äste steigen. Sich einen Lieblingsbaum aussuchen und umarmen! Na gut, es reicht auch, sich hinzusetzen und am Stamm anzulehnen.

Dann einfach mal die Augen schließen und zuhören, was um einen herum so alles passiert. Wie der Wind durch die Blätter streicht. Wie die Vögel zwitschern. Wie sich die Rinde an Kopf und Rücken anfühlt. Jetzt ganz tief durchatmen – fertig ist die kleine Waldmeditation. Ommm!

Noch mehr schöne Plätze für ein Waldbad gibt's zum Beispiel rund um das Bärenschlössle und Rotwildgehege (Eskapade #3), im Kräherwald im Westen, im Wernhaldenpark im Süden (Eskapade #8) oder im Häslachwald in Plieningen.

FAZIT: EIN BAD IM WALD IST DIE BESTE TIEFENENTSPANNUNG FÜR STRESSGEPLAGTE.

Hin & weg: U7 vom Hauptbahnhof Richtung Ostfildern/Nellingen bis Haltestelle Waldau, von dort in ca. 15 Minuten zum Haus des Waldes (Königsträßle 74, www.hausdeswaldes.forstbw.de).

Beste Zeit: Im Sommer und an schönen Herbsttagen, wenn der Waldboden nicht zu kalt ist. Geht aber auch bei Regen und bei Schnee.

Dauer & Strecke: Rundweg Sinneswandel 1 Std. für 1,5 km, wenn man schlendert.

Ausrüstung: Zeit – sonst nichts. Und das Smartphone zu Hause lassen.

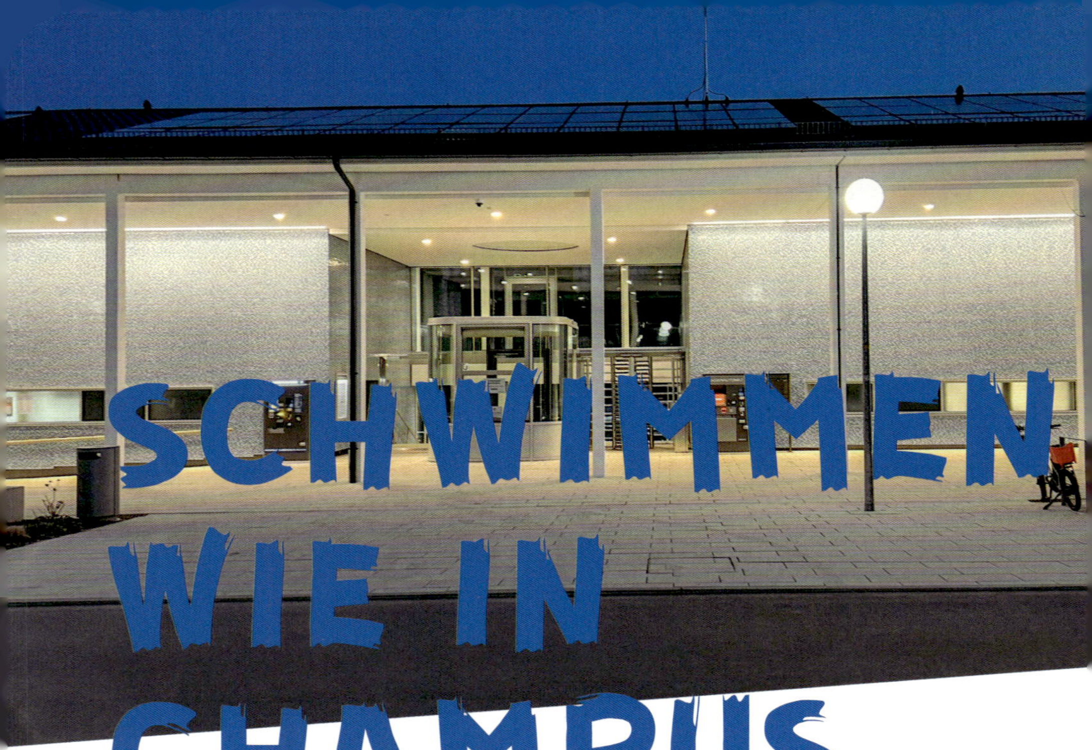

SCHWIMMEN WIE IN CHAMPUS

… im Mineralbad Berg

#12

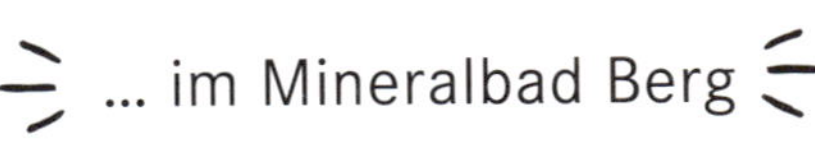

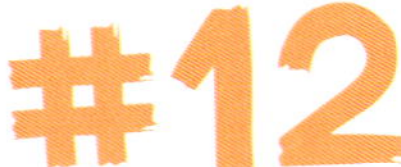

Das Mineralbad Berg ist in Stuttgart Kult. Bahnen schwimmen unter freiem Himmel – hier das ganze Jahr möglich. Doch auch wer eher zur Kategorie Warmduscher gehört, ist im Berger Bad richtig. In der Retro-Schwimmhalle plantscht man im warmen Mineralwasser. Und das prickelt wie Champagner.

#Kulttherme #zurückindie50er #Retrocharme

Blaue Stunde: Feierabend im Mineralbad Berg ist Balsam für die Seele.

→ DAMPF ABLASSEN

Prickelt nicht nur im Bauchnabel. Echte Bergianer erkennen ihr Thermalwasser mit geschlossenen Augen. Es riecht leicht metallisch, und viele kleine Kohlensäurebläschen blubbern am ganzen Körper. Ein echt schwäbisches Champagnerbad!

Wer draußen schwimmen will, muss abgehärtet sein. Das Prickelwasser im großen Außenbecken hat ziemlich frische 22 Grad. Doch wahre Fans stört das natürlich nicht, sie schwimmen auch bei Eis und Schnee an der frischen Luft. Danach geht's zum Aufwärmen ab in die Sauna.

Bei wem die individuelle Wohlfühltemperatur höher liegt, der zieht einfach in der großen Badehalle seine Bahnen. Angenehme 32 Grad

Nix für Warmduscher: Echte Bergianer schwimmen auch im Winter draußen.

Celsius hat das Wasser und fühlt sich fast ein bisschen an wie eine große Badewanne. Es ist weich und ja, auch das prickelt auf der Haut.

Bergianer schwören auf das kohlensäurehaltige Sauerwasser. Naturbelassen ist es, chlorfrei und immer frisch. Sobald die letzten Badegäste gegangen sind, werden die Becken geleert und gereinigt. Über Nacht füllen sie sich dann wieder mit nachströmendem Wasser aus sechs unter dem Bad liegenden Quellen. Rund fünf Millionen Liter frisches Mineralwasser, jeden Tag aufs Neue.

Einige Jahre mussten die Stuttgarterinnen und Stuttgarter auf ihr geliebtes »Neuner« verzichten, denn das Bad wurde lange und aufwändig saniert. Den Spitznamen hat es übrigens von Friedrich Neuner. Der königliche Hofgärtner eröffnete 1856 das Stuttgarter Mineral-Bad bei Berg. Es hatte schon immer ein gemauertes Schwimmbecken, ist das älteste noch existierende Schwimmbad der Stadt und war lange Zeit das größte Mineralschwimmbecken Deutschlands.

Bei der Wiedereröffnung 2021 atmeten viele erleichtert auf: Das Bad hat immer noch seinen nostalgischen 1950er-Jahre-Charme und dazu ein modernes Gesicht bekommen. Wellness für Körper und Seele.

Schon die Römer wussten vor ungefähr 2000 Jahren, dass ein Bad in Thermalwasser

Goldene Wanne, bunte Designstühle: Seit der Renovierung hat das Bad ein modernes Gesicht.

Körper und Seele guttut. Perfekt, dass Stuttgart davon mehr als genug hat. Jeden Tag entspringen aus den Bad Cannstatter und Berger Mineralquellen im Untergrund bis zu 44 Millionen Liter Wasser. Damit landet Stuttgart direkt hinter Budapest auf Platz zwei der mineralwasserreichsten Städte Europas.

Ins Schwimmbad kommt man, um zu schwimmen, in die Therme, um zu entspannen. Und Entspannung kann man ja schließlich nie genug haben. Praktisch, dass es neben dem Mineralbad Berg in direkter Nähe noch zwei weitere Thermalbad-Alternativen gibt: das Leuze und das Mineralbad Cannstatt. Der nächste prickelnde Feierabend im Mineralwasser kann also kommen.

FAZIT: BESTES BAD FÜR NOSTALGIEFANS. WO SONST SCHWIMMT MAN WIE IN CHAMPAGNER?

Hin & weg: U1/U2/U14 bis Haltestelle Mineralbäder.

Beste Zeit: An herbstlichen Regentagen, dann ist draußen wenig los. Macht aber auch bei Sonne Spaß.

Dauer: Bis um 22 Uhr »Auf Wiedersehen« aus den Boxen klingt. Öffnungszeiten und sonstige Infos gibt's unter www.stuttgarterbaeder.de/mineralbadberg

Ausrüstung: Badesachen – und je nach Jahreszeit Neoprenanzug.

WINTER WONDER-WALK

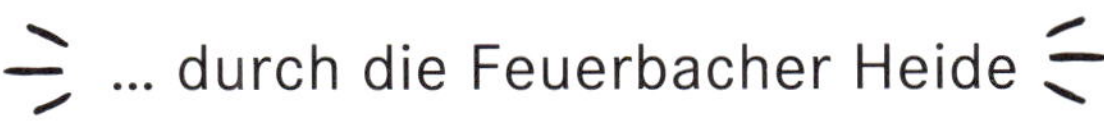
... durch die Feuerbacher Heide

#13

Allzu oft kommt es nicht vor, aber wenn im Kessel doch mal Schneeflocken vom Himmel fallen, dann heißt es: Nichts wie raus! Am besten nach Feierabend hoch zur Feuerbacher Heide und die ersten Schneebälle werfen. Durch die weiße Landschaft zu spazieren, macht den Kopf frei und die Seele glücklich.

#GanzinWeiß #abnachdraußen #letitsnow #vonwegenCouchpotato

Wenn's im Kessel unten grau und kalt ist und Schneematsch auf den Straßen liegt, dann bitte nicht gleich vor dem Fernseher bequem machen. Denn mit dem Bus ist man ganz schnell raus aus der Matschepampe und oben auf dem Killesberg, wo eine zauberhafte Winterwelt wartet.

Je weiter der 43er-Bus die Lenzhalde hinauffährt, umso mehr Schnee sieht man auf den Bäumen und Dächern. Hier oben ist einfach immer ein bisschen mehr Winter als unten in der Stadt. An der Haltestelle Doggenburg beginnt der Winterwalk. Der Weg ist einfach zu finden, die Straße heißt wie das Ziel: Feuerbacher Heide.

Zuerst geht's bergauf. Den Blick ins Tal gibt's bei dem Wetter nicht – aber dafür in die verschneiten Vorgärten der prächtigen Villen. Besonders schön sind die Villa Levi (Feuerbacher Heide 38–42) und die Villa Kahn des Architekten Paul Schmitthenner (Feuerbacher Heide 56). Nach einem halben Kilometer steht man vor einem weißen Feld. Das ist sie, die

Mitten durch die weiße Welt stiefeln: Die Feuerbacher Heide ist im Winter einfach zauberhaft.

Feuerbacher Heide, das Naturschutzgebiet im Stuttgarter Norden.

Im Sommer weiden hier Schafe, jetzt liegt eine dicke Schneedecke über dem Gras. Es knirscht unter den Stiefeln. Alles ist vom Neuschnee überzogen. Nur ein paar Hagebutten pinseln rote Farbtupfer in die weiße Winterwunderwelt.

Früher war die Feuerbacher Heide viel größer, und man konnte über das Gras sehen bis hinab zum Herdweg. Man brauchte die Felder dort oben: Die Heide war der Weideplatz für das Kleinvieh aus Stuttgart und Feuerbach.

Heute wird im Winter gerodelt. Vom Bonatzweg aus hat man einen guten Blick auf den Winterspaß. Falls mal richtig viel Schnee gefallen ist: Ganz in der Nähe im Kräherwald gibt's eine steile Schlittenstrecke hinab nach Feuerbach. Schlittenfahren mit der besten Aussicht kann man direkt vor dem Schloss Solitude. Aber für eine kurze Abfahrt ist die Feuerbacher Heide perfekt. Vor allem für Kinder.

Der Spaziergang durch den Schnee geht weiter. Der Blick über die weiße Landschaft beruhigt und entspannt. Die kalte Luft tut gut. Durchatmen bringt neue Energie. Und die Bewegung lässt einen später tief und fest schlafen.

Weit hinten am Horizont erspäht man schon den Killesbergturm. Wer mag, spaziert bis dorthin weiter. Alle anderen biegen hinter den Kleingärten links ab und steigen wieder in den Bus. Der bringt einen zurück in die Stadt – und nach Hause aufs warme Sofa.

FAZIT: VON WEGEN MATSCHEPAMPE. EINE RUNDE DURCH DAS WINTER WONDERLAND AN DER FEUERBACHER HEIDE HOLT EINEN RAUS AUS DEM TRÜBEN KESSEL.

Hin & weg: Bus 43/50 bis Haltestelle Doggenburg, zurück ab Haltestelle Feuerbacher Weg.

Beste Zeit: Wenn Schneeflocken vom Himmel fallen, aber auch zu jeder anderen Jahreszeit.

Dauer & Strecke: 0,5 Std. für 2 km. Der Spaziergang kann auch verlängert werden bis zum Höhenpark Killesberg.

Ausrüstung: Winterstiefel fürs Querfeldeinstiefeln.

Partner der
Young Rebels
KOLPING
BILDUNG
KITA | SCHULE | BERUF
SCHNIER
NDAL
Rink Star

DANCING QUEEN

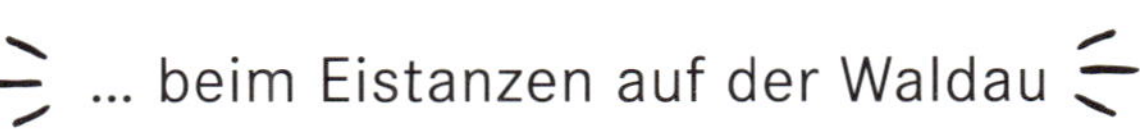

… beim Eistanzen auf der Waldau

#14

Draußen ist fieses Schmuddelwetter. Wer will sich da nicht am liebsten mit Tee und Decke aufs Sofa kuscheln? Von wegen! Hier kommt ein cooler Feierabendkick, der vielleicht sogar zum Schwitzen bringt: ein Tanz auf dem Eis – und zwar mit Discofeeling.

#EisEisBaby #Eiszeit #Nightfever #TanzenbiszumHinfallen

Eis, Eis, Baby: Wenn in der Eiswelt wieder Discozeit ist, gibt's kein Halten mehr.

Echte Stuttgarterinnen und Stuttgarter erinnern sich noch an die Natureisbahn auf der Doggenburg: Alle Jahre wieder verwandelte sich bei Minusgraden ein Bolzplatz mit viel Wasser und jeder Menge Ehrenamtlicher in eine Eisbahn. Oben am Kräherwald lernten viele das Schlittschuhlaufen. Doch diese legendären Zeiten sind leider vorbei. Die Winter im Kessel sind zu mild. Zum Glück gibt's auf der Waldau eine gute Alternative, um übers Eis zu tanzen. In der Eiswelt Stuttgart kann man das nämlich eiskalt jeden Tag tun. Auch wer keine eigenen Schlittschuhe hat, ist hier richtig. Direkt neben dem Haupteingang werden alle Größen verliehen. Also rein in die Schlittschuhe und ab geht's!

Der erste Eindruck: Ziemlich glatt! Wer länger nicht mehr Schlittschuhlaufen war, braucht wohl erstmal ein paar Runden, um warm zu werden. Aber dann klappt das mit dem Tanzen auf dem Eis immer besser. Rechte Kurve, linke Kurve, immer schneller. Eis, Eis, Baby! Jetzt nur nicht vor lauter Übermut aus der Reihe tanzen, sondern immer schön mit dem Strom schwimmen – das heißt gegen den Uhrzeigersinn.

Schlittschuhlaufen auf der Waldau ist beliebt. Pro Saison kommen etwa 130 000 Schlittschuhfans in die Eiswelt. Auch sonst ist in den zwei Hallen immer jede Menge los. Eiskunstlaufen, Eishockey und Eisstockschießen. Wer verschnaufen muss, gönnt sich eine kurze Pause und beobachtet die Cracks auf den Kufen beim Training. Ganz gemütlich mit Glühwein, heißer Schokolade und Pommes, denn ein Bistro gibt's natürlich auch.

Lust, auf dem Eis mal so richtig abzutanzen? Dreimal pro Woche verwandelt sich die Halle

abends in eine supercoole Disco. Wenn der DJ auflegt und die Beats aus den Boxen wummern, macht das Eislaufen noch mehr Spaß und der Stress des Tages ist ganz schnell vergessen.

Ganz heißer Tipp: Mittwochs ist 80er- und 90er-Party. Bei buntem Disco-Licht kann man nach Feierband zu den besten Songs von Madonna, Michael Jackson und ABBA übers Eis flitzen. Das macht natürlich besonders viel Spaß, wenn man mit einer Gruppe da ist – geht aber auch wunderbar alleine. Und wer seinen absoluten Lieblingstitel hören will, wünscht ihn sich einfach wie früher direkt beim DJ. Dann rockt man zum Beispiel zu »Summer of '69« übers Eis und träumt vom nächsten Sommer. Auf der Waldau geht's auch nach der Wintersaison weiter, dann allerdings auf Rollschuhen.

FAZIT: HEUTE SCHON AUF EIS GETANZT? WENN NICHT, DANN AB AUF DIE WALDAU!

Hin & weg: Mit der U7/U8 bis Haltestelle Waldau, dann zu Fuß zur Eiswelt Stuttgart im Keßlerweg 8.

Beste Zeit: Von Oktober–März. Im Sommer mit Rollschuhen (www.eiswelt-stuttgart.de).

Dauer: Solange die Halle offen hat.

Ausrüstung: Handschuhe nicht vergessen und natürlich Schlittschuhe. Wer keine hat, leiht sich welche vor Ort.

GIPFEL-GLÜCK

… am Birkenkopf im Westen

Stuttgarts höchster Berg lohnt immer einen Aufstieg. Ganz besonders zur blauen Stunde. Dann ist man mit etwas Glück fast alleine zwischen den vielen Trümmern. Und die erzählen die besondere Geschichte des Monte Scherbelino.

#biszumGipfel #blaueStunde #Friedensberg

→ DAMPF ABLASSEN

Ganz in Ruhe: Der Monte Scherbelino ist ein Kraftort, besonders zur blauen Stunde.

Die Wanderschuhe können ruhig im Schrank bleiben bei diesem Bergabenteuer mitten in der Großstadt. Mit dem Bus legt man bereits die ersten Höhenmeter zurück. Und dann geht's zu Fuß hinauf zum Birkenkopf.

Stuttgarts höchster Gipfel ist ein echter Kraftort. Schon der Weg bringt einen zur Ruhe. Wie eine Spirale zieht er sich langsam hinauf, immer im Kreis – bis ganz nach oben. Auf dem Gipfelplateau sieht man die Vergangenheit: Teile von Hausfassaden, Säulen und Mauersteine. Schöne Ornamente und kaputte Figuren aus Stein. Hier liegen sie, die Trümmerreste des Zweiten Weltkriegs, aufgetürmt wie ein Denkmal.

Der Birkenkopf ist ein typischer Trümmerberg. In der Nachkriegszeit wuchs er um 40 Meter, weil dort oben der Schutt abgeladen wurde, den die Bombennächte von der Stadt übriggelassen hatten. Nach 53 Luftangriffen der Alliierten war fast die Hälfte Stuttgarts zerstört. Ein Großteil der Häuser unbewohnbar. Was noch brauchbar war, wurde zum Aufbau der Stadt benutzt, der Rest abtransportiert zum Birkenkopf. 1,5 Millionen Kubikmeter Schutt wurden abgeladen.

Monte Scherbelino sagen die Stuttgarterinnen und Stuttgarter deshalb zu ihrem aufgeschütteten Hausberg, von dem sich die Natur einen Großteil längst zurückgeholt hat. Überall ist es grün. Zwischen Bäumen und Sträuchern zwitschern die Vögel. Doch ganz oben auf dem Gipfelplateau sieht man sie noch, die Reste der Vergangenheit.

Die Geschichte der Stadt ragt heraus aus dem grünen Schleier. Gerade zur blauen Stunde ist der Birkenkopf ein ganz besonderer Ort. Ein

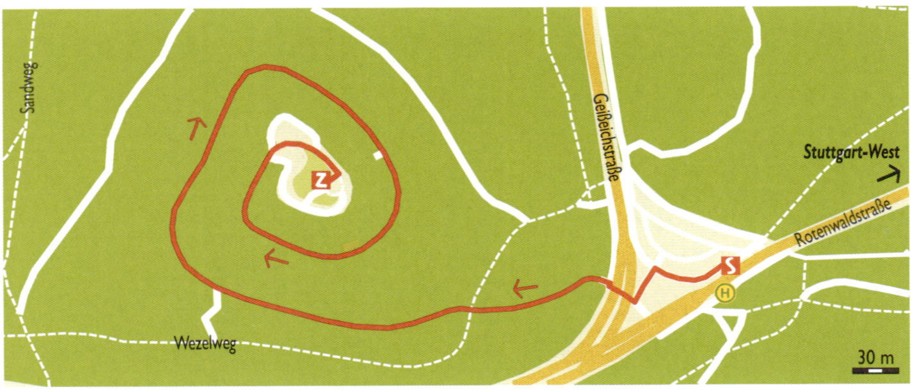

Bester Blick: Im Winter sind die Bäume kahl und die Luft ist klar. Warm anziehen und genießen!

Mahnmal für den Frieden. Auf der Messingtafel kann man lesen: »Dieser Berg, nach dem Zweiten Weltkrieg aufgetürmt aus den Trümmern der Stadt, steht den Opfern zum Gedächtnis, den Lebenden zur Mahnung.«

Vorne am großen Metallkreuz bläst der Wind, aber man nimmt ihn manchmal kaum wahr. Denn der Blick über die City bis zum Horizont ist faszinierend. An klaren Tagen geht er nicht nur in die Häuserschluchten. Von hier oben, fast 300 Meter höher als der Neckar, sieht man das Strohgäu, den Schwarzwald, den Wartberg bei Heilbronn, das Neckartal, den Schwäbischen Wald und die Schwäbische Alb. Das motiviert doch selbst die größten Couchpotatos!

Im Winter, wenn die Bäume noch kahl sind und die Luft klar, hat man den besten Blick. Der Monte Scherbelino ist jedoch zu jeder Jahreszeit schön. Im Frühling, wenn die Stadt endlich wieder grün wird. An warmen Sommerabenden, wenn viele Menschen auf den großen Felsen sitzen. Im Herbst, wenn sich die Natur bunt färbt.

Irgendwann ist es Zeit, aufzubrechen. Hinab geht's noch schneller als hinauf. Und wer noch etwas Bewegung braucht: Ein hübscher Spazierweg führt über die Hasenbergsteige downtown. Vorbei am Hasenbergturm und der Villa von Otto Herbert Hajek (Eskapade #24), dem berühmten Stuttgarter Maler und Bildhauer, bis hinunter zum Feuersee. Die Stufen am Ufer sind ein guter Platz, um in den Trubel einzutauchen. Willkommen zurück in der City.

FAZIT: SCHÖNER KANN MAN NIRGENDS DIE BLAUE STUNDE GENIEßEN ALS AUF STUTTGARTS HÖCHSTEM GIPFEL MIT DER BESTEN AUSSICHT.

Hin & weg: Mit Bus 92 bis zur Haltestelle Birkenkopf.

Beste Zeit: Ganzjährig zur blauen Stunde und bei klarer Sicht.

Dauer & Strecke: 15 Min. für 1 km. Kann erweitert werden über die Hasenbergsteige bis hinab zum Feuersee.

Ausrüstung: Fernglas für die allerbeste Sicht.

PLAUDERN UND GENIEßEN

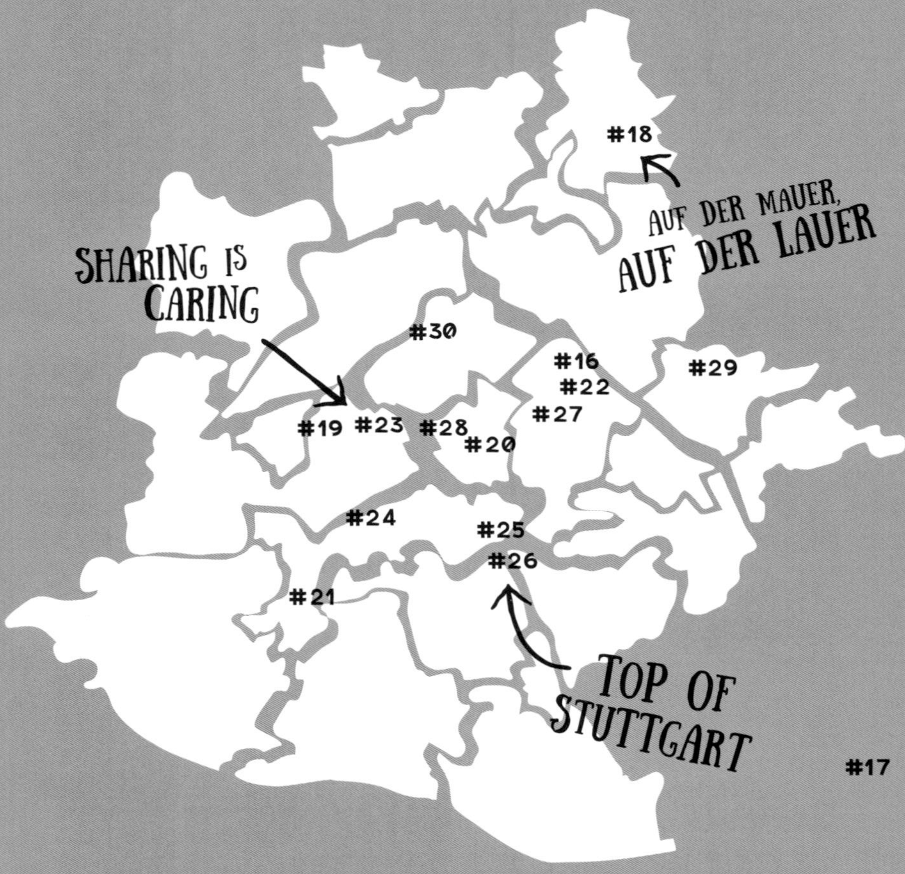

Den Tag Revue passieren lassen

Cocktails über dem Lichtermeer oder lieber Food-Hopping im Osten? Stuttgart hat viele Orte, an denen man den Feierabend so richtig genießen kann.

LOST PLACE

… Villa Berg im Osten

Abhängen, quatschen und im Grünen eine Runde Frisbee werfen: Der Park an der Villa Berg ist der Happy Place im Stuttgarter Osten. Und der prominenteste Lost Place der Stadt, denn die alte Villa steht seit vielen Jahren leer. Wie lange der Dornröschenschlaf wohl noch dauern wird?

#LostPlace #VillaimGrünen #eswareinmal

Einsam und verlassen: Die Villa Berg liegt seit vielen Jahren im Dornröschenschlaf.

Früher ging hier der Adel ein und aus. Tanzte im riesigen Ballsaal unter prunkvollen Kronleuchtern bis tief in die Nacht. Die Villa Berg war die Sommerresidenz des damaligen Kronprinzen Karl und seiner Frau Olga. Auf einem Weinberg im Osten der Stadt ließ er sie 1853 errichten, mit herrlicher Rundumsicht und Blick direkt hinüber zum Schloss Rosenstein.

Heute steht die Villa einsam und verlassen mitten im schönen Park. Ein beliebter Ort für alle, die im Osten leben und den Feierabend gerne draußen verbringen. Auf den Rasenflächen ist genügend Platz. Die einen spielen eine Runde Federball oder Wikingerschach, andere freuen sich über die tolle Liegewiese. Wer entspannen will, macht es sich auf einer Decke gemütlich.

Auf der Wiese entspannt man zwischen Gänseblümchen, vor der Villa erfährt man historische Details.

Und träumt davon, wie wieder Leben in das historische Gebäude einziehen könnte. Bereits seit 2005 steht es leer. Die Fenster im Erdgeschoss – verrammelt mit Spanplatten. Niemand soll einsteigen in Stuttgarts prominentesten Lost Place, einen jener Orte, die schon lange nicht mehr mit Leben gefüllt sind. Verlassen, entrückt, aber immer auch faszinierend. Mit dem Charme des Morbiden und mit Geschichten aus längst vergangenen Zeiten.

Von den Fenstern schauen einen berühmte Gesichter in Schwarz-Weiß an: Harald Schmidt, Wolfgang Niedecken, die Fantastischen Vier. Große Namen, die früher dort aufgetreten sind. Die Fantas feierten hier ihr zehnjähriges Bandbestehen mit einem Exklusivkonzert. BAP-Sänger Wolfgang Niedecken nutzte die Villa Berg für öffentliche Generalproben vor seinen Tourneen.

Seit 1955 hat das Gebäude zwei Gesichter: Außen königlicher Prachtbau, innen Sendesaal des öffentlich-rechtlichen Rundfunks für Live-Übertragungen und Konzerte. 2007 verkaufte der Südwestrundfunk das historische Gebäude an einen Investor, der Luxuswohnungen in das einstige Lustschloss bauen wollte. Daraus wurde jedoch nichts. Stattdessen wechselten sich Phasen des Leerstands und Wiederverkaufs ab. Am Ende kaufte die Stadt Stuttgart die Villa zurück. Sie soll ein »offenes Haus für Musik und mehr« werden. So wollen es die Mehrheit einer Bürgerbeteiligung und der Gemeinderat.

Wer rund um die Villa Berg spaziert, braucht etwas Fantasie, um sich den Herrschaftssitz ohne Absperrzäune vorzustellen. Doch das Bauwerk zieht einen magisch an. Immer wieder kommen Menschen her, streifen herum,

fotografieren. Und genießen die frische Luft im Park.

Der schönste Platz im Frühling ist übrigens die Gänseblümchenwiese mit Blick auf die Heilandskirche und blühende Obstbäume, ein paar Schritte weg von der Villa. Auch der historische Rosengarten lohnt einen Besuch.

Wer noch mehr Natur in der Stadt sucht: Die Villa Berg liegt am Grünen U. Von hier aus ist man schnell drüben beim Schloss Rosenstein und kann weiter bis zum Höhenpark Killesberg spazieren.

Falls jemand Hunger oder Durst bekommt: Etwas zu essen gibt's im Buschpilot (www.buschpilot-stuttgart.de) oder im Flora und Fauna (www.floraundfauna-stuttgart.de) ein paar Schritte weiter beim Mineralbad Berg.

FAZIT: DIE VILLA BERG IST STUTTGARTS PROMINENTESTER LOST PLACE. UND DER PARK EIN GEHEIMTIPP IM OSTEN.

Hin & weg: Mit der U1/U2/U4/U9 bis zur Metzstraße, dann fünf Gehminuten zur Villa Berg, Wilhelm-Camerer-Straße 23.

Beste Zeit: Im Frühling, wenn die Rosen und Gänseblümchen blühen.

Dauer: 1 Std. ist ganz schnell vorbei.

Ausrüstung: Decke, Ball, Wikingerschach und ein Kaltgetränk.

WALKING ON SUN-SHINE

#17

Blauer Himmel, grüne Wiesen und Abendsonne satt. Im Scharnhauser Park vergisst man schnell, wie eng es unten im Kessel zugeht. Wer eine Pause vom Großstadtrummel braucht, ist hier genau richtig. Denn auf den Fildern gibt's immer genügend Platz, um so richtig runterzukommen.

Abendspaziergang durch die Allee: der schönste Weg ins Grüne.

Die Großstadt hinter sich lassen, das geht in Stuttgart ganz einfach: Mit der Stadtbahn Richtung Nellingen ist man blitzschnell raus aus dem Kessel. Einmal rüber über die Stadtgrenze, schon landet man mitten auf den Fildern. Die Hochebene ist nicht nur berühmt für ihr leckeres Filderkraut. Wer die Abendsonne einfangen möchte, hat hier die allerbesten Chancen.

Von der Haltestelle Scharnhauser Park spaziert man gemütlich durch das Wohnviertel und landet kurz darauf in den Bürgergärten Scharnhauser Park. Dort kann man sich sonnen, sporteln, spazieren. Ganz egal, wie schön das Wetter auch ist, auf der Wiese und den vielen Bänken gibt's immer Platz. Und was zu gucken, denn man trifft jede Menge Leute, Familien, Paare, Singles, die skaten, mountainbiken, Hunde ausführen und joggen ...

Bei einem Spaziergang entdeckt man aber noch viel mehr. Kunst zum Beispiel. Den bunten Gießkannenbrunnen mit den dicken Fröschen hat die Stuttgarter Künstlerin Rosalie 2002 für die Landesgartenschau geschaffen. Mitten auf die Wiese hat sie zudem übergroße Hasen in Pink und Gelb um eine riesige Karotte herum platziert.

Am Horizont sieht man auf der einen Seite den Fernsehturm, auf der anderen unverkennbar die Silhouette der Schwäbischen Alb. Der Blick von oben ist einfach genial. Endlich mal wieder den blauen Himmel bewundern. Ab und zu kreuzt ein Flugzeug vom nahen Flughafen die Wolken. Fernweh!

Über einen sonnigen Hohlweg geht's weiter zu den Pferdekoppeln. Rechts führt die alte Kastanienallee hinab zum Scharnhauser Schlöss-

Abhängen in der Abendsonne: In der Hängematte hat man den Himmel im Blick - und die Kunst.

le, links ein Pfad zum romantischen Amortempel. Viele Legenden ranken sich um ihn. Der württembergische Herzog Carl Eugen soll den kleinen Tempel 1788 für seine langjährige Geliebte, mittlerweile seine Ehefrau, Franziska von Hohenheim errichtet haben. Ob's stimmt oder nicht: Ein Abstecher lohnt sich nicht nur für Verliebte. Der Tempel unter den Bäumen ist einfach für alle zauberhaft.

Wer keine Lust auf Bewegung hat - gar kein Problem. Das wichtigste To do heißt Not to do und einfach genießen! Das funktioniert übrigens auch ganz wunderbar mit Kindern im Gepäck. Die toben sich am liebsten auf dem riesigen Spielplatz aus. Also schnell die Decke auspacken, auf die Wiese in die Abendsonne legen und rauf in die Wolken schauen. Oben auf den Fildern ist man dem Himmel gleich ein ganzes Stück näher.

FAZIT: WER SICH NACH WEITE UND ABENDSONNE SEHNT, FLÜCHTET AM BESTEN RAUF AUF DIE FILDERN.

Hin & weg: U7/U8 bis Haltestelle Scharnhauser Park, dann zu Fuß in die Grünanlage.

Beste Zeit: An einem warmen, sonnigen Abend.

Dauer: Bis die Sonne untergeht.

Ausrüstung: Sonnenbrille und Sonnencreme. Wer entspannen will, packt eine Decke ein, alle anderen Frisbee oder Federballschläger.

FABEL-HAFTER FEIER-ABEND

#18

Eigentlich braucht es doch gar nicht viel zum Feierabendglück. Einen schönen Ort, eine gute Aussicht und etwas Abendsonne. Das alles gibt's auf der Burg Hofen. Noch dazu ist auf der Burgmauer immer ein ruhiges Plätzchen frei. Und der Blick auf den Neckar schlägt jede Dachterrasse.

#whataView #Burgleben #aufderMauer

Alles im Blick: die Bugruine und die St.-Barbara-Kirche. Die schönste Aussicht auf den Neckar hat man von der Burgmauer.

Oben auf der dicken Burgmauer hat man den allerbesten Blick. Kein Wunder, dass sich Ritter Luithart von Mühlhausen diesen Platz hoch über dem Neckar ausgesucht hatte. Es war im Jahr 1260, als er hier seine Burg baute. Viele hundert Jahre lang wachte sie über den Fluss.

Wo früher Ketten rasselten und Ritter kämpften, kann man heute ganz entspannt in der Abendsonne sitzen. Unten glitzert der Neckar, gegenüber wächst der Wein. Einfach ein herrlicher Platz, um abzuschalten – am besten auch das Smartphone. Wobei, halt: Erstmal noch ein Selfie mit Burg und Fluss schießen. Wo sonst hat man schon so eine Kulisse?

Schlösser hat Stuttgart ja jede Menge: Neues Schloss, Altes Schloss, Schloss Solitude, Schloss Hohenheim, Schloss Rosenstein, Villa Berg, Bärenschlössle. Alle sind immer gut für ein After-Work-Treffen mit den besten Freundinnen und Freunden. Doch die Burg Hofen ist ein ganz besonderer Treffpunkt. Sie ist die einzige Burgruine in der Stadt – und trotzdem kennen viele sie gar nicht.

Im Innenhof erahnt man, wie riesig die Anlage früher gewesen sein muss. Damals, vor dem 30-jährigen Krieg, als ein Feuer das Gebäude zerstörte. Neben den Mauerresten wächst ein riesiger Kastanienbaum. Zwei Bänke stehen da, mit Blick auf den Neckar. Unbedingt auch noch runtersteigen bis zum Flussufer. Von den Treppenstufen hat man eine tolle Aussicht durch das Steintor aufs Wasser. Ein ziemlich schöner Ort für einen Feierabend-Drink.

Den Wein vergessen? Kein Problem! Direkt gegenüber der Burgruine liegt der Sommerbesen der Scheefs. Dort bekommt man ein

leckeres Viertele aus dem Familien-Weingut. Vor der fast 500 Jahre alten Scheune sitzt man übrigens sehr gemütlich – und hat dabei immer die Burg und die St.-Barbara-Kirche im Blick. Berühmt geworden ist die Kirche durch die Stuttgarter Madonna, die zur Zeit der Reformation Mitte des 16. Jahrhunderts aus der Stiftskirche in Stuttgart nach Hofen gebracht wurde. Schon bald war der Ort Zuflucht für katholische Gläubige und ist bis heute ein häufig besuchtes Wallfahrtsziel geblieben.

Noch ein Tipp zum Abschluss für alle Burgfans: Ganz in der Nähe startet am Max-Eyth-See der 4-Burgen-Rundweg. Er führt an drei Ruinen vorbei durch die Weinberge und endet als Höhepunkt an der Burg Hofen (acht Kilometer, zwei Stunden). Spätestens nach der Strecke hat man sich ein Vesper im Besen aber mehr als verdient …

FAZIT: NECKARBLICK VON DER BURGRUINE – HIER FÜHLT SICH DER FEIERABEND EIN BISSCHEN WIE URLAUB AN.

Hin & weg: U14, U12 oder Bus 54 bis Haltestelle Hofen. Zu Fuß die Scillawaldstraße hinauf in Richtung St.-Barbara-Kirche bis zur Burg.

Beste Zeit: Ab dem Frühling an lauen Abenden. Besonders schön ist es zum Sommerbesen (www.weinbauscheef.de).

Dauer: Bis die Sonne untergeht. Vorsicht, nachts soll es hier spuken …

Ausrüstung: Wein oder Limo zum Anstoßen.

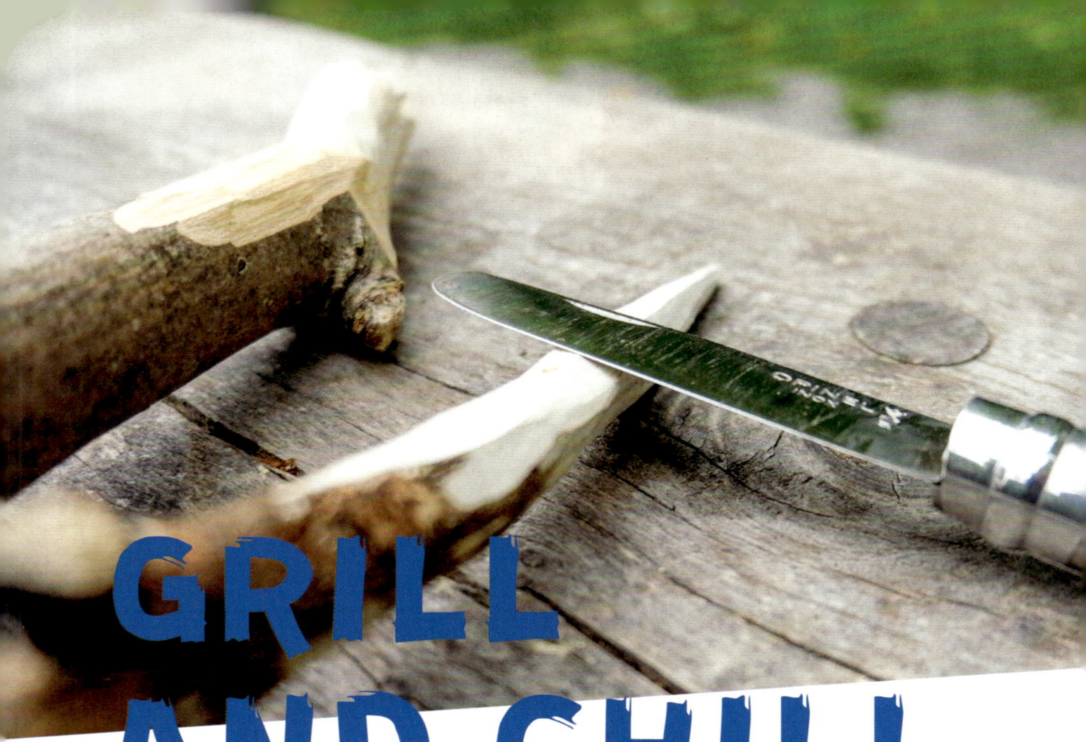

GRILL AND CHILL

… im Kräherwald im Westen

#19

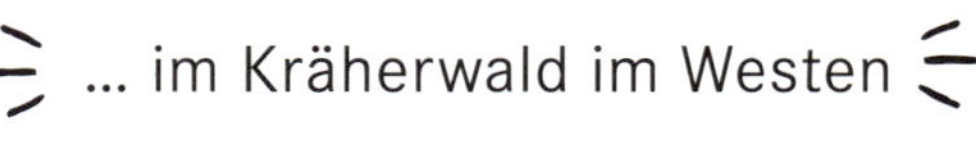

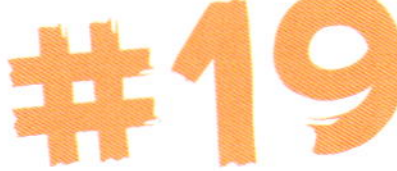

Ein Stock, ein Feuer – schon wird der Feierabend zum kleinen Abenteuer. Besonders schön ist so ein Draußen-Dinner im Kräherwald. Auf einer großen Lichtung wird ein schwäbisches Barbecue serviert: Stockbrot mit Saiten und Maultaschen vom Grill. Lecker!

#DraußenDinner #BBQLove #Placetogrill

Erst schnitzen, dann aufspießen: Über dem offenen Feuer wird die Maultasche zur Grilldelikatesse.

→ Plaudern und Genießen

An warmen Sommerabenden riecht der ganze Kessel wie ein Barbecue. Überall wird gegrillt. Doch auch wer keinen Balkon, Garten oder ein Stückle hat, muss nicht verzichten. Denn Stuttgart hat viele öffentliche Grillplätze zu bieten. Die meisten liegen herrlich mitten im Wald, zum Beispiel im Kräherwald.

Bus 40 fährt vom Bahnhof an den Waldrand. Zehn Gehminuten, schon steht man auf der großen Lichtung. Die Stelle ist perfekt für ein Chill-and-Grill mit Freunden oder Familie, da es auch einen schönen Spielplatz gibt. Und vor allem gleich zwei Grillstellen, beide überdacht, dazu einige gemütliche Tische und Bänke aus Holz. Falls doch mal alle belegt sind, ist auf der großen Wiese viel Platz für die Picknickdecke.

Wichtigste Regel: Immer auf die Waldbrandgefahr achten – und nur innerhalb der Grillstelle

Feuer frei - aber immer nur an öffentlichen Grillstellen.

Feuer machen. Einweggrills sind aus Brandschutzgründen im Wald komplett verboten.

Wie es sich für echte Schwaben gehört, kommen schwäbische Delikatessen auf die Glut. Aus den Saitenwürstle werden BBQ-Hotdogs. Geht ganz einfach: mit Stockbrotteig. Im Wald Stöcke suchen, Saiten aufspießen, Stockbrotteig drüberwickeln. Wer mag, streut noch Käse oder Kräuter drüber. Noch etwas Geduld – und reinbeißen!

Auf die anderen Stöcke werden frische Maultaschen gespießt. Gegrillte Herrgottsbscheißerle, wenn das mal nicht kreativ ist. Die Teigtaschen sind übrigens nicht nur mit Fleisch, sondern auch mit vegetarischer Füllung super lecker. Manche schwören ja auf Gemüse – rauf auf den Spieß, bisschen Marinade dazu und ab übers Feuer. Dazu eine Limo oder ein Bier, so schmeckt der Feierabend!

In Stuttgart findet man mit Sicherheit seinen ganz persönlichen Lieblingsgrillplatz. Ganz weit vorne: der unterhalb des Birkenkopfes. Dort ist es besonders schön mit Kindern, denn neben der Grillstelle liegt ein tollen Waldspielplatz mit Seilbahn und Klettergarten. Außerdem kann man nach dem Essen noch rauf auf den Gipfel des Monte Scherbelino (Eskapade #15).

Ein Grillplatz mit Aussicht liegt außerhalb der Stadt an der Egelseer Heide in Stuttgart-

Grill and chill - mit warmen und kühlen Leckereien.

Rotenberg – und zwar mitten auf der Wiese in den Weinbergen. Hin fährt man mit Bus 61 ab dem Bahnhof Untertürkheim. An sonnigen Wochenenden ist die Wiese am Max-Eyth-See im Stadtteil Mühlhausen ein riesiges, internationales Barbecue. Wer mitmachen mag, muss früh kommen und seinen eigenen Grill mitbringen. Dafür gibt's aber Seefeeling on top.

Und noch ein Tipp für schlechtes Wetter: In der Nähe des Bärensees steht die Wapitiweg-Hütte. Unter dem Dach kann man sogar bei Regen grillen.

Egal, wo das Feuer auch brennt: Am Ende immer alles gut löschen, natürlich die Asche richtig entsorgen und den Müll mitnehmen.

FAZIT: DRAUSSEN-DINNER SIND EINFACH TOLL, VOR ALLEM WENN VIELE LIEBLINGSMENSCHEN DABEI SIND.

Hin & weg: Mit Bus 40/50 bis zur Haltestelle Kräherwald, von dort 10 Gehminuten. Eine Übersicht über alle Grillstellen gibt's unter www.stuttgart.de/leben/natur/grillplaetze

Beste Zeit: Frühling und Sommer, geht aber auch bei trockenem Herbst- und Winterwetter.

Dauer: Mindestens so lange, bis das Feuer aus ist.

Ausrüstung: Holz, Feuerzeug und Grillutensilien, Wasser zum Löschen der Glut, Müllsack für die Reste.

MARKTHAL
werktags
7-19 h
Wilder
Broccoli
kg 29,00 €

IN EINER STUNDE UM DIE WELT

Die Markthalle mitten in der Stadt ist ein Stuttgart-Klassiker und gerade deshalb immer wieder gut! Nirgends sonst gibt's so viel Leckeres aus aller Welt unter einem Dach. Hingehen, Zeit mitnehmen und ganz viel Appetit: Willkommen auf der kulinarischen Weltreise!

#Slowfood #schwäbischesParadies #Herzensort

Stuttgarter Markthalle

Wer die Markthalle betritt, landet in einer anderen Welt. Eben noch im hektischen Trubel der Stuttgarter Innenstadt, jetzt im Paradies. Es riecht nach frischem schwäbischen Brot und orientalischen Gewürzen. Und wer seiner Nase folgt, merkt schnell: Hier gibt's einfach alles, was schmeckt und gute Laune macht.

Mitten im Herzen Stuttgarts, zwischen Altem Schloss, Rathausplatz, Stiftskirche und dem neuen Dorotheenquartier, liegt das Gebäude mit Geschichte: Anfang des 19. Jahrhunderts gab es einen kalten Winter, und auf dem Stuttgarter Markt erfror eine Marktfrau. Deshalb schenkte König Wilhelm I. der Stadt eine wetterfeste Markthalle.

Doch die erste Halle wurde im wachsenden Stuttgart schnell zu klein. 1914 wurde die neue Markthalle eingeweiht. Der damals noch junge Architekt und Baumeister Martin Elsässer plante das Jugendstilgebäude mit seinen Arkaden, Erkern und Türmchen.

Kaum zu glauben, dass die historische Halle Ende der 1960er-Jahre abgerissen werden sollte. »Wirtschaftlich unrentabel«, hieß es, doch mit einer Stimme Mehrheit entschied sich der Gemeinderat für den Erhalt des Gebäudes. Das Schmuckstück war gerettet und steht seit 1971 sogar unter Denkmalschutz. Was ein Glück!

Durch das Glasdach kommt immer Tageslicht hinein. Da sehen die Leckereien gleich noch besser aus. Früher wurde an 300 Obst- und Gemüsestände gefeilscht und gehandelt. Heute sind es 33 Feinkostständе. Wer an ihnen vorbei durch die Gassen spaziert, reist einmal um die Welt.

Ordnung muss sein: Nicht nur an den exotischen Ständen, auch der Besen hängt schon griffbereit.

Beim Italiener träumt man sich zwischen Olivenöl und Tomaten, Salami und Schinken in die Toskana. Etwas weiter, am Stand von Gewürz Mayer, fühlt man sich fast wie auf einem Basar. In den dunklen Holzregalen liegen die exotischsten Gewürze: Muskatnuss, Chili, indischer Koriander und getrocknete Berberitzen. Es riecht nach Orient. Auch an den Obstständen gibt's Besonderes zu entdecken. Oder schonmal im Supermarkt eine Jackfrucht gesehen? Beim Schwätzle mit der schwäbischen Marktfrau erfährt man, woher die Frucht stammt und was man Leckeres aus ihr machen kann.

Die Reise geht weiter. Oliven aus Griechenland, sündhaft süße Baklava nach türkischer Tradition, gefüllte Datteln, Kohl von den Fildern und frische Austern – am liebsten würde man von allem einfach ein bissle was mitnehmen. Zu lecker sieht es aus. Bei der ganzen Schlemmerei eines auf keinen Fall vergessen: Von der Galerie hat man den allerschönsten Blick. Dort bekommt man auch einen Cappuccino.

Vor der Markthalle, an der Sporerstraße, sitzt man übrigens auch ganz nett, allerdings vor allem zwischen Touristen und Stuttgartern von der Halbhöhe, die bei einem Glas Sekt und ein paar Tapas den Feierabend feiern. Wer es erst kurz vor der Schließzeit herschafft: Schnell ein paar Antipasti samt Brot einkaufen und ganz entspannt auf dem Rasen vor dem Neuen Schloss picknicken. *Buon appetito!*

FAZIT: IN STUTTGART WE CALL IT BESCHDE WELTREISE – UND DAS MITTEN IN DER STADT.

Hin & weg: Mit der Stadtbahn zum Schlossplatz oder Charlottenplatz, weiter zu Fuß zur Markthalle, Dorotheenstraße 4.

Beste Zeit: Immer, ganz besonders an Schlechte-Laune-Tagen.

Dauer: Lohnt sich schon ab 0,5 Std. Öffnungszeiten unter www.markthalle-stuttgart.de

Ausrüstung: Hunger und eine volle Geldbörse.

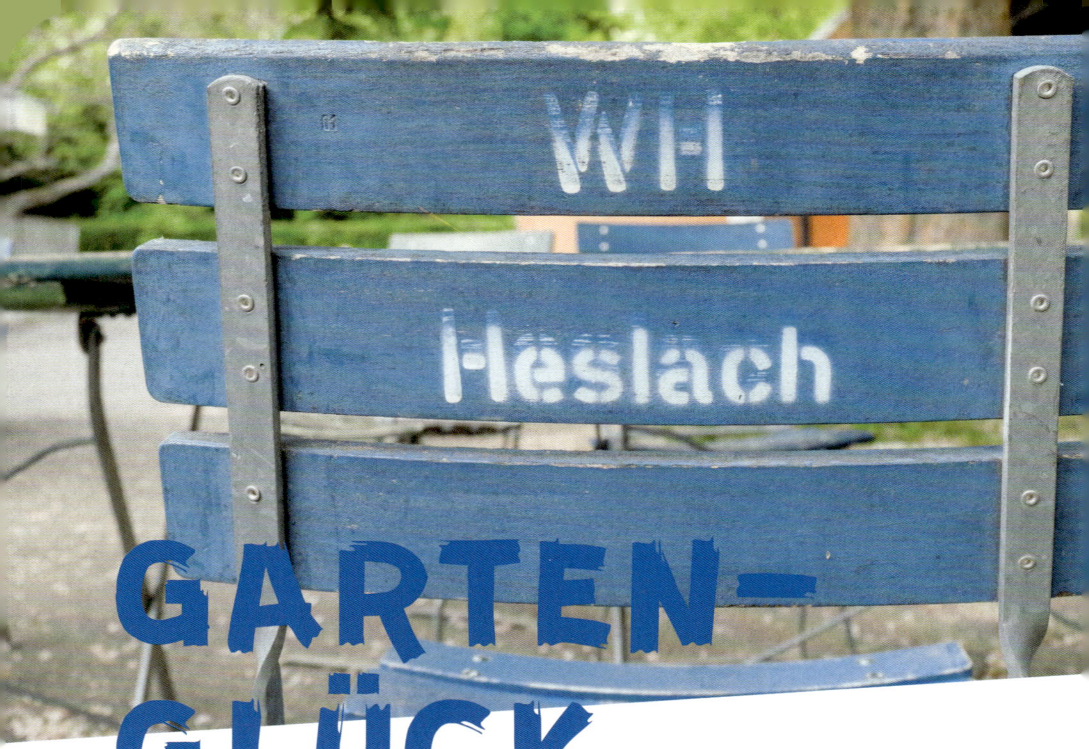

GARTEN-GLÜCK

… im Dachswald

#21

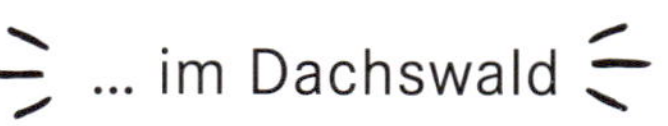

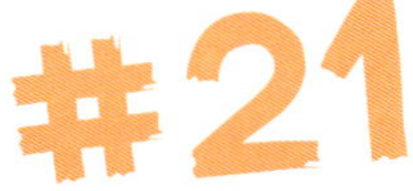

Wenn an warmen Sommerabenden die Luft im Kessel steht: Ab nach draußen! Am Stadtrand warten frische Luft, ganz viel Grün und leckeres Essen. Das Waldheim Heslach ist Stuttgarts schönster Biergarten – mit einer spannenden Geschichte.

#WaldheimConnection #frischeLuft #abnachdraußen

Idylle am Dachswald: Im Waldheim Heslach sitzt man gemütlich unter großen Bäumen.

Unter den alten Bäumen vergisst man die Zeit. Und vor allem die stickige Luft im Kessel. Draußen am Stadtrand rauscht der frische Sommerwind durch die Blätter. Gemütlich sitzt man im Schatten unter den Obstbäumen, bei Maultaschen und einem Viertele. Ein echt schwäbischer Feierabend im Grünen. So geht Waldheim!

Das Waldheim Heslach ist Deutschlands ältestes Waldheim und Stuttgarts schönster öffentlicher Garten. Auf der Streuobstwiese stehen große Kastanien, Nuss- und Apfelbäume. Die Idylle am Dachswald haben bereits viele prominente Politiker gesehen: Willy Brandt, Helmut Schmidt, Gerhard Schröder, alle waren sie schon da. Davon erzählen die vielen Fotos

Chilliger Feierabend: Im Liegestuhl sieht die Welt gleich ganz anders aus.

in der Wirtschaft. Eindeutig ein Ort mit sozialdemokratischer Geschichte. 1908 bauten die Genossen der Heslacher SPD hier oben ein Erholungsheim für Arbeiterfamilien. In einer Zeit, in der die Luft im Kessel so dick war, dass das Atmen schwerfiel. Mit dem Waldheim wollten sie den hart arbeitenden Familien eine Möglichkeit geben, ihre Freizeit im Grünen zu verbringen. Der Bau war alles andere als selbstverständlich, denn das Geld war knapp. Robert Leicht, damals Inhaber der Vaihinger Brauerei Schwabenbräu, ermöglichte mit einer Spende den Kauf des Grundstücks. Im Gegenzug wurde im Waldheim sein Bier ausgeschenkt.

Bier gibt's im Biergarten natürlich immer noch. Und typisch schwäbische Gerichte wie Maultaschen oder Käsespätzle. Oder wie wär's mit einem selbst gemachten Flammkuchen? Den kann man gut teilen, denn gemeinsam mit Freunden ist es hier am schönsten. Wer einen chilligen Feierabend mag, schnappt sich einen Liegestuhl. Für Familien ist die Terrasse ideal: Während die Kleinen auf dem Spielplatz toben, können sich die Großen in Ruhe unterhalten.

Gerade für Kinder sind Stuttgarts Waldheime perfekte Orte. Kein Verkehr und jede Menge Platz zum Rennen und Toben. Früher verbrachten dort viele Stadtkinder ihre Ferien. Statt in den Urlaub ging's im Sommer ins Waldheim. Viele Generationen von Stuttgarterinnen und Stuttgartern sind so aufgewachsen. Waldheimzeit war Freiheit und Spaß.

Echte Waldheimklassiker: Prominente Politikgäste und köstliche Käsespätzle.

Manche Waldheime bieten die Ferienbetreuung bis heute an.

Stuttgart ist die Stadt der Waldheime. 31 verteilen sich über die ganze City. Unbedingt einen Ausflug wert ist das Clara-Zetkin-Haus in Sillenbuch (www.waldheim-stuttgart.de). Es gibt nicht nur leckere Tapas oder Mezze, sondern auch politische Veranstaltungen oder eine Runde Tango. Noch ein Tipp: das Waldheim Wangen. Auf der Wangener Höhe auf der Terrasse unter der alten Kastanie sitzen, dazu eine Limo und ein Salat – einfach gut. Immer wieder finden kleine und feine Kulturveranstaltungen wie Musik, Lesungen, Kinderzirkus, Brotbackkurse und Wildkräuterlehrgänge statt (www.schembergers.com).

FAZIT: WALDHEIMZEIT IST KULT! SO VIEL ERHOLUNG UND ENTSPANNUNG MITTEN IM GRÜNEN, DAS GIBT'S NUR IN STUTTGART.

Hin & weg: Waldheim Heslach (Dachswaldweg 180), S1 bis Universität, von dort zu Fuß oder mit Bus 82 bis Haltestelle Dachswald.

Beste Zeit: Lauer Sommerabend, aber auch im Herbst sehr schön, wenn die Äpfel reif sind (Öffnungszeiten unter www.waldheim-heslach.de).

Dauer: Mindestens so lange, bis die Lichterkette angeht.

Ausrüstung: Geldbeutel für Essen und Getränke.

zur
Schleckerei

EAST-END WALK

#22

Looks a bit like London: Wer rund um den Ostendplatz unterwegs ist, fühlt sich wie im Kurzurlaub. Mit Backsteinhäusern und Kopfsteinpflaster sieht Stuttgart hier very british aus. Und wie schmeckt er so, der Osten? Auf keinen Fall nach Beans on Toast!

#EastsideofLife #lookslikeBritain #soschmecktderOsten

Rund um den Ostendplatz gibt‘s viel zu entdecken. Ist das noch Stuttgart oder schon *good old Britain*?

Wenn einem Zuhause die Decke auf den Kopf fällt: *Go east!* Denn im Osten sieht man immer ein Stück vom Himmel. Liegt daran, dass die Häuser hier so viel kleiner sind als im Süden oder Westen. Und dazu noch aus rotem Backstein. Wer zum ersten Mal herkommt, ist sofort schockverliebt. Schon wenn man an der Stadtbahnhaltestelle Ostendplatz aussteigt, sieht man die hübschen Gebäude. Sie stehen dicht an dicht, mit Giebeln und Erkern, Blumenkästen und Fensterläden. Was für ein zauberhafter Ort, wie gemacht für einen Walk nach Feierabend.

Über das Kopfsteinpflaster spaziert man gemütlich zum Teckplatz. Dort hat vor mehr als 150 Jahren alles begonnen. Mit der Industrialisierung nahm auch in Stuttgart die Wohnungsnot zu, deshalb wollte der Bankier Eduard Pfeiffer Arbeiterfamilien ein neues Zuhause bieten. Seine Vision: Statt anonymer Mietskasernen lauter kleine Häuser mit Licht, Luft und Gärtle. Die Siedlung Ostheim war geboren. 383 Häuser, 1267 Wohnungen, alle denkmalgeschützt.

Einen Plan braucht man nicht, man lässt sich einfach treiben. Vom Ostendplatz die Landhausstraße hoch, die Schwarenbergstraße rüber, die Haußmannstraße runter. Dabei blickt man neugierig in kleine Hinterhöfe, sieht Wäsche über den Mülltonnen trocknen und Gemüse im Garten wachsen. Im Frühling riecht es wunderbar nach Flieder. Ist das noch Stuttgart oder schon good old Britain?

Zurück am Ostenendplatz ist man wieder mittendrin im echten Leben. Von Stuttgarts schönstem Kreisverkehr führen Straßen in alle Himmelsrichtungen und bieten in jede Richtung einen anderen Blick. Der Ostendplatz ist Ver-

kehrsknotenpunkt und Treffpunkt im Quartier. Nach der Ruhe im Arbeiterviertel fühlt man sich wie in einem lebendigen Wimmelbild.Falls die Schleckerei (www.zur-schleckerei.de) schon zu hat, gibt's am Kiosk ein Eis oder ein Kaltgetränk. Direkt gegenüber kann man es sich auf Holzbänken gemütlich machen, mit Blick auf Bambus und Kreisverkehr: Im Vietal Kitchen (www.vietal-kitchen.de/stuttgart) gibt's die beste vietnamesische Küche in Town. Wer es schwäbisch mag, spaziert zum Kult-Biergarten Schlampazius (www.schlampazius.de). Geschmälzte Fleischküchle mit Soße und Kartoffelsalat sind nirgends so gut wie hier unter den großen Kastanienbäumen.

Am Ende des Abends ist dann auch die Frage beantwortet, wie er denn so schmeckt, der Osten. Auf jeden Fall lecker und ziemlich multikulti!

FAZIT: NEUE HOOD, NEUES LEBEN. EINE TOUR RUND UM DEN OSTENDPLATZ GEHÖRT IN JEDES FEIERABENDREPERTOIRE.

Hin & weg: Mit der U4/U9 zum Ostendplatz.

Beste Zeit: Lauer Sommerabend, dann kann man erst spazieren und anschließend ein Draußen-Dinner genießen.

Dauer: Bis die letzte Bahn fährt.

Ausrüstung: Lust auf ein bisschen Stadtgeschichte und vor allem Hunger.

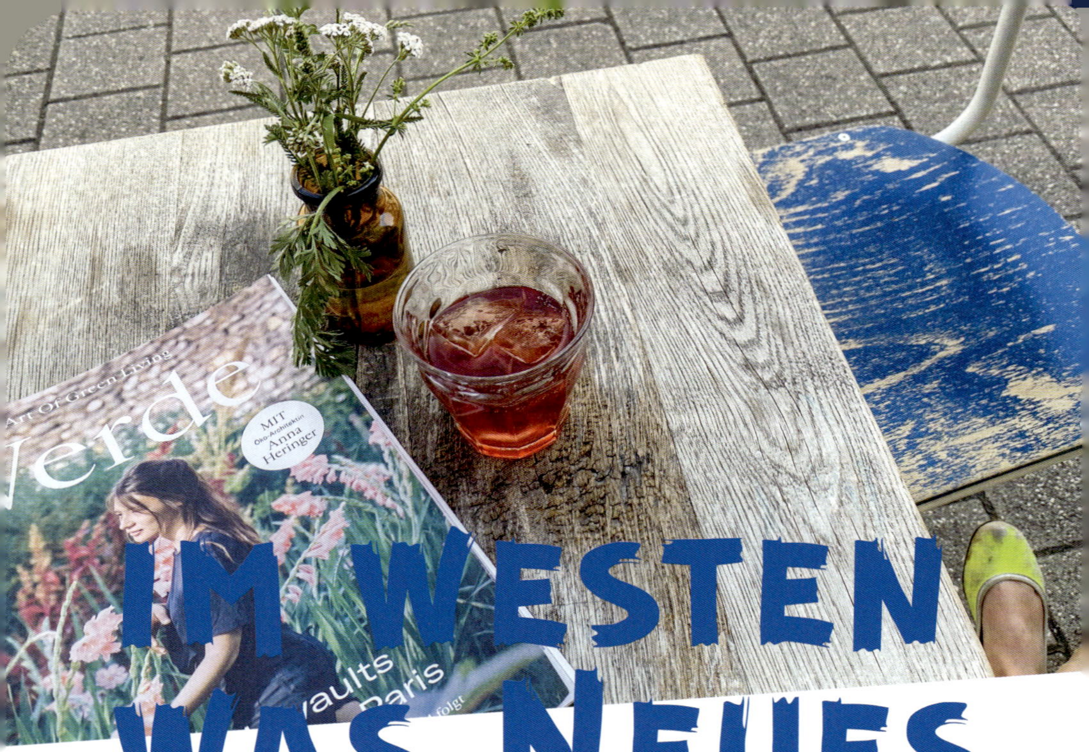

IM WESTEN WAS NEUES

... Foodsharing-Café im Westen

#23

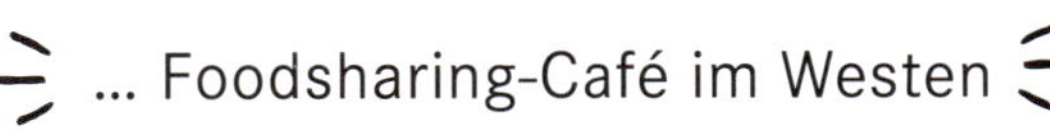

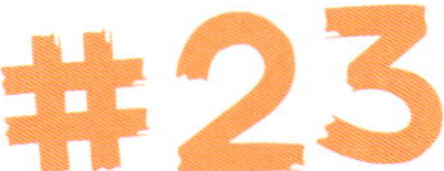

In der Raupe Immersatt am Hölderlinplatz kann man mehr tun als einen guten Kaffee trinken. Dort werden Lebensmittel vor der Mülltonne gerettet. Deutschlands erstes Foodsharing-Café – mitten in Stuttgart.

#SharingisCaring #fairteilen #issmich

Sharing is caring: In der Raupe Immersatt rettet ein »Fairteiler« Lebensmittel vor der Mülltonne.

Etwa 313 Kilogramm Lebensmittel landen in Deutschland im Müll – und zwar pro Sekunde. Mehr als die Hälfte aller Abfälle bei uns stammen aus Privathaushalten. Weil wir zu viel einkaufen, Dinge falsch lagern oder sie im Kühlschrank verschimmeln lassen. Immer mehr Menschen macht dieser Verschwendungswahnsinn wütend.

In der Raupe Immersatt am Hölderlinplatz bekommen Lebensmittel eine zweite Chance. Wie? Ganz einfach: Mitten im Café steht der »Fairteiler«. Eine Regalwand und ein Kühlschrank, nicht zu übersehen. Darin warten Lebensmittel darauf, gegessen zu werden. Sie kommen zum Beispiel von Bäckereien, Supermärkten, Bio-Märkten, Cafés, Restaurants und Leuten aus

Faires Café: Alle geben, was sie können und was ihnen die Produkte und der Ort wert sind.

der Nachbarschaft. Bei jedem Besuch steht was anderes drin, mal ein Stück Kuchen, Brot oder Brötchen, manchmal Obst oder sogar fertige Suppen. Kaum zu glauben, dass das alles sonst in der Tonne gelandet wäre. Wer mag, nimmt etwas mit nach Hause – oder isst es direkt vor Ort.

Die Raupe Immersatt ist ein cooler Treffpunkt mitten im Westen. Man sitzt sozusagen auf dem Gehweg, direkt an der Endhaltestelle der U4. Sich treffen, quatschen, den Feierabend genießen: Am Hölderlinplatz geht das ganz spontan.

Wer kommt, stellt sich einfach einen Stuhl dazu. Die Einrichtung ist übrigens auch nachhaltig. Möbel, Kunst oder Geschirr – alles Fundstücke von Flohmärkten oder vom Sperrmüll.

Egal, ob Quittenschorle, Limo, Weizenbier oder Wein: Kurze Transportwege sind dem Orga-Team sehr wichtig, genauso wie Regionalität und ein nachhaltiger Anbau. Beim Kaffee ist Fair Trade Pflicht. Zum Cappuccino gibt's immer ein Stück Bananenbrot, und das ist legendär lecker. Preise für die Getränke sucht man vergeblich, sie werden selbst bestimmt.

Das Konzept des fairen Cafés: Alle geben, was sie können und was ihnen die Produkte und auch der Ort wert sind. Solidarisch und gemeinschaftlich soll so das Café betrieben

Kaffeepause auf dem Gehweg: Die Raupe Immersatt am Hölderlinplatz ist ein cooler Treffpunkt.

werden, als Begegnungsraum für Menschen unabhängig von ihren finanziellen Mitteln. Die geretteten Lebensmittel aus dem »Fairtailer« werden kostenlos geteilt.

In der Raupe Immersatt kann man aber nicht nur nehmen. Das Café will ein Ort sein, an dem Menschen miteinander teilen. Welche Lebensmittel dort angenommen werden, welche Hygieneregeln gelten und was ein absolutes No-Go ist, alles das und noch viel mehr Infos stehen auf der Homepage (www.raupeimmersatt.de). Wer also den Kühlschrank in Zukunft leermachen muss, weil es zum Beispiel auf Reisen geht: Auf keinen Fall einfach wegwerfen, sondern auf zum Hölderlinplatz und in die Raupe Immersatt bringen.

FAZIT: SICH DRAUßEN TREFFEN UND GLEICHZEITIG WAS GEGEN LEBENSMITTELVERSCHWENDUNG TUN – BESTE KOMBI DER STADT!

Hin & weg: Mit der U4 bis Hölderlinplatz. Direkt neben der Haltestelle liegt die Raupe Immersatt (Johannesstraße 97).

Beste Zeit: Außer dienstags täglich, am besten so oft wie möglich.

Dauer: Bis das Licht ausgeht.

Ausrüstung: Stofftasche, um Lebensmittel abzugeben oder mitzunehmen. Und am besten ein paar nette Menschen, die man gerne um sich hat.

GALERIE IM GRÜNEN

#24

In Stuttgart sind sie nicht zu übersehen: Die bunten Skulpturen von Otto Herbert Hajek stehen überall in der Stadt verteilt. Dort, wo der berühmte Bildhauer früher gewohnt hat, gibt's gleich eine ganze Ausstellung zu bestaunen. Ein Ausflug in den Skulpturenpark im Grünen.

#KunstimGrünen #Showroom #Schattenplatz

Open-Air-Museum mitten im öffentlichen Raum: An der Hasenbergsteige gibt's Kunstwerke und schattige Plätze zum Ausruhen.

Auf der ganzen Welt ist seine Kunst zu finden: tonnenschwere Skulpturen aus Stahl oder Beton, bunte Fassaden, die er gestaltet hat. Der Skulpturenpark an der Hasenbergsteige ist so etwas wie ein Open-Air-Museum des Stuttgarter Bildhauers. Unter großen Kastanienbäumen hat Otto Herbert Hajek dort einige seiner Werke aufgestellt.

Berühmt geworden ist der Schüler der Stuttgarter Kunstakadamie in den 1950er- und 1960er-Jahren. Bei der Weltausstellung in Brüssel oder auf der Biennale in Venedig hat er sich mit seiner Art, Stahl, Beton, Bronze oder Marmor zu bearbeiten, einen Namen gemacht. 1964 gelang ihm bei der Documenta in Kassel mit einer begehbaren Installation aus Beton der internationale Durchbruch. Kunst im öffentlichen Raum statt im Museum – das zentrale Thema des späteren Kunstprofessors.

Hier an der Hasenbergsteige lebte er in Haus Nummer 65 direkt neben dem Skulpturenpark. Seit 2005 ist die Villa einsam und verlassen, das Grundstück abgesperrt mit Bauzäunen. Ein Lost Place mitten in bester Wohnlage. Wer genau hinschaut, sieht: Die Villa selbst ist ein Kunstwerk. Hajek hat die Fassade so gestaltet wie viele seiner Werke. Mit geometrischen Formen in den Primärfarben Rot, Gelb und Blau. Früher trafen sich dort Künstler, Politiker und Wirtschaftler. Mittlerweile steht das Gebäude unter Denkmalschutz und hat eine ungewisse Zukunft.

Die Hajek-Villa ist umringt von prächtigen Stadthäusern, denn die Hasenbergsteige zählt zu den schönsten und teuersten Stuttgarter Wohngegenden. Am besten steigt man vom Gänsepeterbrunnen hinauf. Die Steige ist steil, aber der Blick in schöne Gärten und auf be-

eindruckende Villen entschädigt für die Mühe. Kleiner Tipp: Auf der rechten Seite spazieren, zwischen den Häusern lockt immer wieder eine herrliche Panoramaaussicht auf die Dächer im Stuttgarter Westen. Im Skulpturenpark selbst ist selten viel los. Von einer Parkbank unter den Bäumen hat man die Kunst im Blick – und seine Ruhe. Während des Sommers ist es im Schatten der Bäume angenehm kühl. Der Abendwind zieht durch die Blätter, nimmt die Gedanken mit und bringt neue Ideen. Ein guter Ort, um ein Buch zu lesen, ein paar Skizzen zu machen oder ungestört über das Leben nachzudenken.

Wem anschließend nach Trubel und Gesellschaft ist: Ganz in der Nähe, etwa auf der Mitte der Hasenbersteige, liegt der Abzweig zur Karlshöhe samt beliebtem Biergarten mit der schönsten Aussicht in den Kessel.

Fazit: Ein ruhiger Ort zum Lesen, Entspannen und Entdecken.

Hin & weg: Mit Bus 42 zur Schwab-/Reinsburgstraße, dann am Gänsepeterbrunnen vorbei die Hasenbergsteige rauf bis zum Skulpturenpark (Hasenbergsteige 77–79).

Beste Zeit: (Früh-)Sommer, dann gibt's viel Schatten und oft Abendwind. Der Park ist das ganze Jahr rund um die Uhr offen für alle.

Dauer: Mit Hinweg gut und gerne 1 Std.

Ausrüstung: Ein (Skizzen-)Buch oder eine Begleitung für nette Abendgespräche.

Lass die Sonne rein!

#25

Stuttgart ist bekannt für seine Picknicker. Und zwar nicht erst, seit die Hip-Hopper der Stadt davon in der ganzen Welt sangen. Also Decke schnappen, raus auf die Wiese! Und jeder weiß, Mann: Im Weißenburgpark trifft sich die Picknicker-Party-Fraktion.

Alte Stuttgart-Regel: Kein Picknick ohne Kesselblick. Also mit Sack und Pack zum Weißenburgpark!

»Fahrn wir raus auf irgend'ne Wiese
Denn im Stadtpark zu feiern
Das hieße nur Stress mit den Spießern
Denn die können nicht verstehn, wie
Leute abgehn
Die vor 'nem Soundsystem mit fünfzig-
tausend Watt stehn.«

Die Fantastischen Vier wissen, was geht, und vor allem, wie man Picknickpartys feiert. Und was die Fantas können, können alle anderen auch. Ganz spontan. Einfach einpacken, was noch so im Kühlschrank liegt. Und dann auf zum Weißenburgpark in Stuttgarts Süden!

Erstmal entspannt bis zur Aussichtsplattform steigen. Denn alte Stuttgart-Rule: kein Picknick ohne Kesselblick. Und der ist hier oben wirklich de luxe. Am Turm der Markuskirche vorbei sieht man über die Dächer bis zur Karlshöhe. Die Fantas würden sagen: »Zu geil für diese Welt.«

Wer eher urban picknicken will, setzt sich auf die Mauer. Alle anderen rollen die Decke auf dem Rasen aus. Ist zwar etwas steil, aber dafür die perfekte Lage für ein Sonnenbad. Es sind diese Momente, die das Leben im Kessel ausmachen. Über einem der Himmel, vor einem die Stadt. Stuttgart, *my love!*

Echte Picknicker haben die passende Playlist dabei. Auf die gehört unbedingt »Mutterstadt« von den Massiven Tönen, »1ste Liebe« von Max Herre und – keine Frage – »Der Picknicker« von den Fantastischen Vier. Hip-Hop vom Feinsten aus'm Kessel. Dazu ein kaltes Getränk – und immer weiter Richtung Sonnenuntergang chillen. Wem das Bier oder die Limo ausgeht: Ein paar Schritte weiter, mitten im Park, liegt ein

Pavillon, das Teehaus (www.teehaus-stuttgart.de). Im denkmalgeschützten Gebäude mit Biergarten kann man bequem Nachschub ordern. Kaltgetränke, Kuchen, Kaffee, Eis und auch ein paar Snacks – alles da. Traumbedingungen.

Das Teehaus ist für viele ein Lieblingsort im Süden. Unternehmer Ernst von Sieglin schenkte es seiner Gattin. In dem Pavillon konnte sie mit ihren Freundinnen entspannt Tee trinken. Sieglin wurde mit dem ersten Seifenpulver der Welt reich und berühmt. Die Villa Weißenburg, sein pompöses Wohnhaus, wurde in den 1960er-Jahren abgerissen. Nur das Teehaus blieb stehen, samt Marmorsaal im Untergeschoss. Tee trinken kann man dort natürlich auch. Doch nichts schlägt die Aussicht von der Picknickerwiese. Schöner als die Fantas kann es niemand ausdrücken: »Die Welt liegt uns zu Füßen, denn wir stehn drauf!«

FAZIT: BLAUER HIMMEL, SONNE UND EIN PICKNICKKORB – SCHON WIRD DER TAG ZUM GLÜCKSTAG.

Hin & weg: Mit den Linien U5, U6, U7 und U12 bis zur Haltestelle Bopser. Von dort ist es noch ein kurzer Fußweg.

Beste Zeit: Im Frühling. Und im Sommer. Und auch noch im Herbst.

Dauer: Am besten stundenlang, ganz ohne Stress und Hektik.

Ausrüstung: Picknickdecke, Musikbox für die Hymne der Picknickerfraktion.

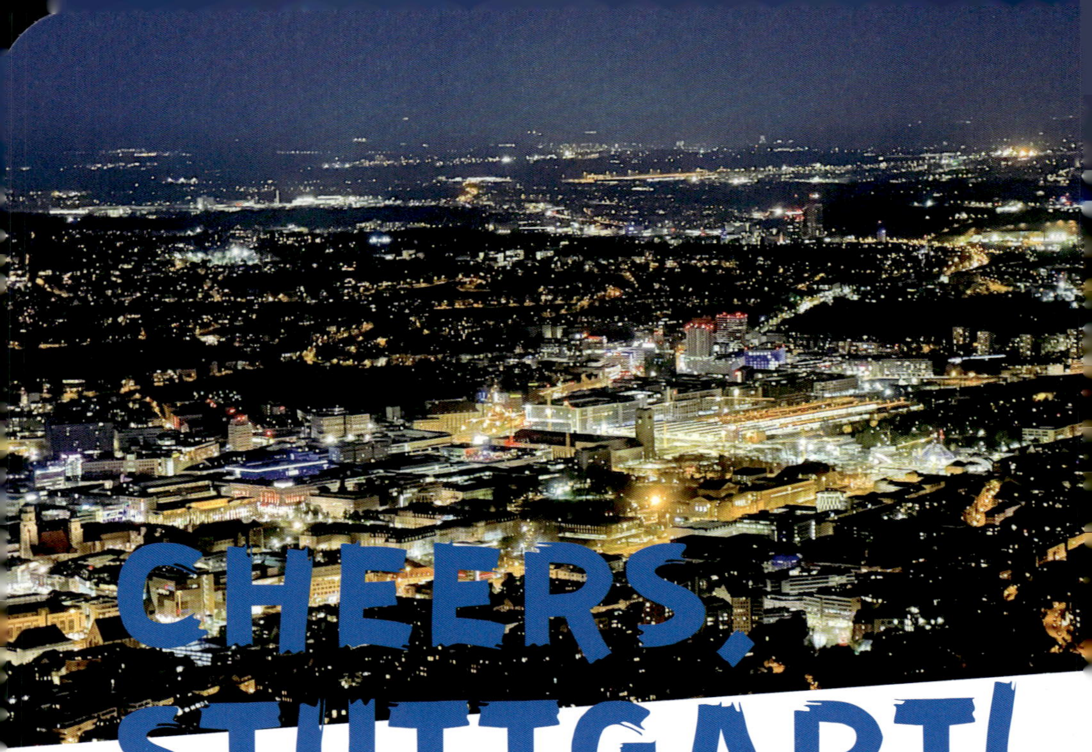

CHEERS, STUTTGART!

... auf dem Fernsehturm

#26

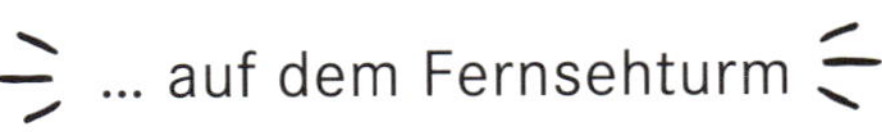

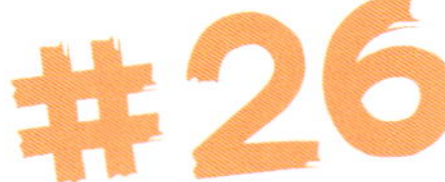

Ein Sundowner über den Dächern der Stadt. Und zwar ganz weit oben! Der Fernsehturm ist Stuttgarts höchste Rooftop-Bar. Dass es ihn überhaupt gibt, hat die Stadt nicht nur einem kühnen Ingenieur zu verdanken, sondern irgendwie auch der Königin von England. Hoch lebe die Queen!

#Kesselliebe #BestofBenztown #0711 #MillionenLichter

Hier hat der Sundowner seinen Namen wirklich verdient. Auf die Queen und das Leben im Kessel!

→ PLAUDERN UND GENIEßEN

762 Stufen sind es bis auf Stuttgarts schönste Dachterrasse. Doch keine Angst, die muss niemand raufsteigen. Mit dem Aufzug geht's schneller und bequemer. Etwa eine halbe Minute, schon ist man oben. Für einen ganz besonderen Anlass oder einfach nur, um auf das Leben anzustoßen: Der Fernsehturm ist der allerbeste Spot für einen Feierabenddrink.

Stuttgarts Wahrzeichen ist berühmt. Seit 1956 steht er auf der Waldau. Der erste Fernsehturm der Welt – den es ohne die Queen wohl nicht geben würde. Denn als die Königin von England 1953 gekrönt wurde, wollten das viele Menschen live an ihren TV-Geräten miterleben. Der Fernsehempfang im Stuttgarter Talkessel war jedoch katastrophal. Die Stuttgarterinnen und Stuttgarter waren *not amused*. So etwas sollte ihnen nicht mehr passieren!

Der Süddeutsche Rundfunk (heute SWR) wollte als Folge seine Antennen ausbauen und sie auf

Abendstimmung auf der schönsten Dachterasse der Stadt.

einen 200 Meter hohen, mit Drahtseilen gesicherten Eisen-Gittermast stellen. Das passte Stuttgarts Brückenbauer und Statik-Professor Fritz Leonhardt allerdings gar nicht. Er bevorzugte einen Betonturm samt Aussichtsplattform und Gastronomie für alle. Leonhardt setzte sich durch. Zum Glück! Dank ihm hat die Stadt nicht nur die schönste Aussichtsplattform, sondern mit dem Leonhardts auch die höchste Bar.

Wenn der Sundowner irgendwo seinen Namen verdient, dann auf dem höchsten Punkt Stuttgarts. Während am Horizont die Sonne langsam untergeht, schnell rauf auf die Aussichtsplattform. Die Sicht auf den Kessel ist nirgends besser. 360-Grad-Panorama vom Allerfeinsten. An klaren Tagen blickt man über das Häusermeer und das schwäbische Land bis zur Alb, zum Schwarzwald und zum Odenwald.

Dabei weht einem der Wind meist ziemlich frisch um die Nase. Und schwankt der Turm etwa? Ja, das muss so sein. Bis zu 30 Zentimeter bewegt er sich hin und her, die Antenne sogar bis zu anderthalb Meter. Hat man aber schnell vergessen. Denn wenn die Sonne erstmal untergegangen ist, beginnt ein besonderer Lichterzauber. Im Stadion auf der Waldau gehen die Flutlichter an, und der Kessel verwandelt sich langsam in ein Lichtermeer.

Seit mehr als 66 Jahren wacht der 217 Meter hohe Turm aus Stahl und Beton schon über

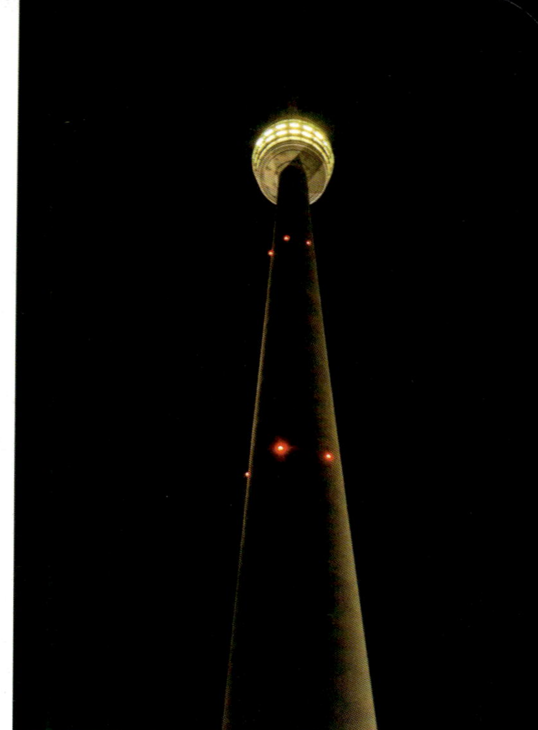

Ganz schön hoch, die schwäbische Betonnadel.

die Stadt. Dass er so lange halten würde, hatten damals wohl die wenigsten geglaubt. Wer noch mehr über die Geschichte wissen will, kann sich im Internet eine App für das Smartphone runterladen. Neben einem Audioguide gibt's auch ein Quiz.

Kopien der schwäbischen Betonnadel findet man heute übrigens auf der ganzen Welt – von Frankfurt über Dortmund bis Johannesburg und Wuhan in China. Für viele ist der Fernsehturm ein Stück Heimat und steht als Miniaturausgabe im Wohnzimmer. Ob die Queen auch einen besitzt? Zumindest hat sie das Original besichtigt. Bei ihrem Stuttgart-Besuch 1965 hat sie sich in der Bar im Turmkorb ins Goldene Buch der Stadt eingetragen.

FAZIT: COCKTAILS UND LICHTERMEER: DER FERNSEHTURM IST STUTTGARTS SCHÖNSTE ROOFTOPBAR.

Hin & weg: U7/U8/U15 bis Haltestelle Ruhbank/Fernsehturm, dann wenige Gehminuten bis zum Ziel in der Jahnstraße 120.

Beste Zeit: Zum Sonnenuntergang und mit Blick auf das glitzernde Stuttgart. Geht ganzjährig von Do–So; Öffnungszeiten unter www.fernsehturm-stuttgart.de

Dauer: Mindestens 1 Std. Wer nicht genug bekommen kann, holt sich einfach eine Jahreskarte.

Ausrüstung: Schal und Mütze können nie schaden, auf dem Turm pfeift oft der Wind.

SUNDOWN-WALK

... bis zur Uhlandshöhe

Bisschen Bewegung gefällig nach einem langen Tag? Dann raus aus Stuttgarts Mitte und über den Eugensplatz rauf zur Uhlandshöhe. Dort hat man seine Ruhe – und genießt einen der besten Blicke über das Häusermeer. Bis am Horizont die Sonne untergeht.

#Sundown #Sommertour #derperfekteUntergang

Erst die Stäffele rauf, dann den Sonnenuntergang genießen. Klingt nach einem perfekten Feierabendprogramm!

Der Sundown-Walk beginnt an der Stuttgarter Kulturmeile, zwischen Musikhochschule und Staatsgalerie. Das Ziel? Es geht hoch über die Eugenstaffel hinauf bis zur Uhlandshöhe. Die ersten Meter schlendert man entspannt die Eugenstraße bergauf, dann beginnen die Stufen. Bis zum Eugensplatz sollen es 175 sein. Wer's genau wissen will, zählt mit.

Ob das hier die schönsten Stäffele Stuttgarts sind? Viele sagen das. Auf jeden Fall sind sie steil. Wer verschnaufen muss, einfach umdrehen, Blick genießen und dann weiter. Sobald der Galateabrunnen in Sicht kommt, ist es fast geschafft. Der Eugensplatz. Perfekt für einen kurzen Zwischenstopp. Wer mag, holt sich ein Eis vom Eisbistro Pinguin (www.eispinguin.de;

echte Stuttgarterinnen und Stuttgarter schwören aufs Mercedes-Eis) oder einen leckeren Cocktail aus der Apotheke. Mit oder ohne, am Schönsten sitzt man direkt vorne am Brunnen, wo das Wasser um die schöne Nymphe Galatea plätschert. Es war Königin Olga, die die Figur im Jahr 1890 stiftete und damit für viel Wirbel im Städtle sorgte. Man störte sich an Galateas nacktem Auftritt. Aber als Olga damit drohte, die Statue umdrehen zu lassen – mit dem Hinterteil zur Stadt – war angeblich schnell wieder Ruhe.

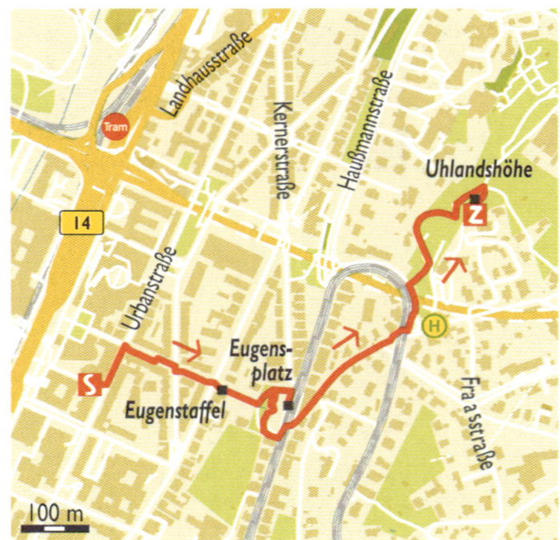

Die Wächterin über den Eugensplatz ist übrigens eine Mops-Madame, sechs Kilo schwer und aus Bronze. Sie thront auf der Loriot-Säule am Ende des Platzes. Loriot, oder besser: Vicco von Bülow, war in Stuttgart zur Schule gegangen und schon in jungen Jahren als Komparse am Theater aktiv gewesen. Von ihm stammt der Satz: »Ein Leben ohne Mops ist möglich, aber sinnlos.«

Der Eugensplatz ist nicht nur gut für Geschichten, sondern auch ein echter Klassiker für den

Am Eugensplatz ist Halbzeit. Egal ob mit oder ohne Eis: Am Galatea-Brunnen sitzt man in der ersten Reihe.

Feierabend. Sitzen, quatschen, Tischtennis spielen oder einfach nur den Ausblick genießen. Das kann man nirgendwo besser als hier, fast noch mitten in der City. Um aber zum Sonnenuntergang so richtig zur Ruhe zu kommen, geht's weiter die Wagenburgstraße hinauf, an der Stadtbahnhaltestelle Heidehofstraße vorbei und auf dem Alfred-Lörcher-Weg vorbei am Werkstatthaus (fast) geradewegs auf die Uhlandshöhe.

Nächster Stopp ist die Aussichtsplattform der Ruine. Ein paar Stufen noch und dann: Wow! Die Innenstadt und der Westen liegen direkt vor einem, der Fernsehturm scheint zum Greifen nahe. Wer noch Hunger oder Durst hat – zwischen Gärtnerei und Sternwarte steht ein Regiomat. Dort gibt's rund um die Uhr Getränke, Süßigkeiten und regionale Produkte. Oder man hat die kühle Flasche Wein bereits dabei. Fürs gemütliche Sitzen, bis die Sonne hinter dem Häusermeer untergeht.

Stuttgart hat übrigens noch weitere Sundownspots zu bieten, etwa das Teehaus im Weißenburgpark (Eskapade #25), die Grabkapelle in Stuttgart-Rotenberg, den Killesbergturm und – natürlich – den Fernsehturm (Eskapade #26). Ein besonders ruhiger Geheimtipp: Entlang der Weinsteige stehen immer mal wieder Parkbänke mit Blick auf den perfekten Sonnenuntergang.

FAZIT: KURZER ABENDWALK MIT SCHÖNEM SONNENUNTERGANGSSPOT.

Hin & weg: Hin mit der U14/U4/U2/U1 oder U9 bis zur Staatsgalerie, zurück mit der U15 ab Heidehofstraße.

Beste Zeit: Warme Sommerabende mit klarem Himmel.

Dauer & Strecke: Ohne Stopps 0,5 Std. für 1,5 km.

Ausrüstung: Sonnenbrille, Smartphone für Selfies und Zeit, bis die Sonne untergeht.

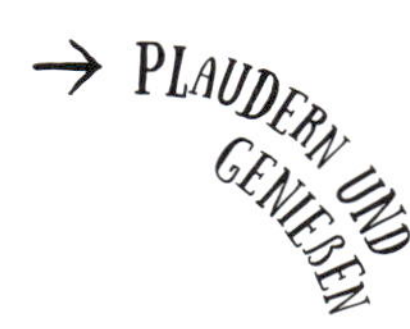

CLUB DER TOTEN DICHTER

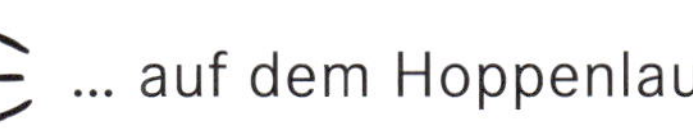

#28

Früher war hier der Friedhof der reichen Vorstadt, heute ist er ein wunderbarer Ort der Stille. Zwischen alten Grabsteinen und großen Bäumen kann man auf dem Hoppenlaufriedhof lesen und sich entspannen. Oder einfach wunderbar alleine sein.

Leben und Sterben: Der Hoppenlaufriedhof ist Stuttgarts älteste Grabstätte.

Zwischen Uni-Campus und Liederhalle liegt eine andere Welt. Am Weg alte Grabsteine und Kreuze aus Sandstein. Vom Wind angefressen und vom Moos überwuchert. Fast schon mystisch. Vor allem abends, wenn die letzten Sonnenstrahlen durch die Bäume scheinen. Dann spürt man die Kraft dieses Ortes mit seinen vielen Geschichten vom Leben und Sterben in Stuttgart.

Der Hoppenlaufriedhof ist Stuttgarts älteste Grabstätte und knapp 400 Jahre alt. 60 000 Menschen wie du und ich, Dichter und Schriftsteller, Künstlerinnen und Theaterleute haben dort ihre letzte Ruhe gefunden. Darunter auch viele Jüdinnen und Juden. Beerdigt wird mitten in der Stadt aber lange schon niemand mehr. Die letzte Urne wurde 1951 bestattet und der jüdische Teil des Friedhofs bereits 1882 geschlossen. Heute ist der Hoppenlaufriedhof ein Park, in dem Büroangestellte ihre Mittagspause verbringen. Andere kommen zum Meditieren her, Eltern treffen sich mit ihren Kinderwagen. Aber immer nur so viele, dass man das Gefühl hat, fast alleine zu sein unter den großen Bäumen. Nur Eichhörnchen flitzen umher.

Die putzigen Tiere sind hier zu Hause. Sie klettern wie wild hoch in den Bäumen und springen mutig über die Grabsteine. Nicht nur Kinder kommen deswegen gerne zu Besuch. Auch manche Erwachsene haben Erdnüsse in der Tasche, wenn sie zum Hoppenlaufriedhof gehen. Man kann wunderbar über das Leben nachdenken, frische Luft atmen und abschalten. Und ganz nebenbei die Geschichte der Stadt entdecken. Es ist eine Zeitreise ins 18. und 19. Jahrhundert. Inzwischen sind einige Grabsteine restauriert worden, die Inschriften gut zu entziffern. Wer sich wohl hinter den Na-

Auf Zeitreise: Auf dem Friedhof taucht man ein in die Geschichte der Stadt.

men verbirgt? Die Promis von einst, schwäbische Dichter wie Gustav Schwab oder Christian Friedrich Schubart. Der bekannteste Grabstein ist sicher der Wilhelm Hauffs von 1827. Der Stuttgarter Schriftsteller wurde gerade einmal 25 Jahre alt. Er und seine Märchen sind bis heute unvergessen. Wer mag, setzt sich auf die Bank an seinem Grab und liest. Zum Beispiel sein bekanntestes Werk »Das kalte Herz«.

Kaum einer weiß, dass am anderen Ende des Friedhofs auch Hauffs Bruder Herrmann begraben liegt. Als Kinder warfen sich die beiden in der Bibliothek ihres Großvaters die Bücher gegenseitig an den Kopf, erzählt man sich. Sie wuchsen getrennt voneinander auf und sind nun nach ihrem Tod wieder vereint. Wer sich für die Geschichten der anderen Gräber interessiert, macht am besten bei einer Friedhofsführung mit (www.hoppenlaufriedhof.info).

FAZIT: EGAL, OB MAN LESEN, NACHDENKEN ODER ABSCHALTEN MÖCHTE, HIER GIBT'S IMMER EIN RUHIGES PLÄTZCHEN.

Hin & weg: Mit der Stadtbahn zum Berliner Platz und dann zu Fuß zum Hoppenlaufriedhof, Rosenbergstraße 7.

Beste Zeit: Im Herbst, wenn die Eichhörnchen umhertoben.

Dauer: Für ein, zwei oder drei Kapitel. Mindestens.

Ausrüstung: »Das kalte Herz« von Wilhelm Hauff. Und vielleicht eine Nuss für die Eichhörnchen.

Auf die Liebe!

Es ist einer der romantischsten Orte in ganz Stuttgart: die Grabkapelle, umgeben von Weinbergen, hoch oben auf dem Württemberg. Eine Erinnerung an die Liebe zwischen König Wilhelm I. und Königin Katharina. Der perfekte Ort für ein besonderes Date, ganz besonders bei Sonnenuntergang.

#LoveisintheAir #StuttgartsTajMahal #Wein&Liebe

Die Stadt und der Fernsehturm im goldenen Abendlicht: Von der Grabkapelle hat man alles im Blick.

»Die Liebe höret nimmer auf.« So steht es in großen Buchstaben über dem Eingangsportal der Grabkapelle. Es ist das Versprechen der ewigen Liebe von König Wilhelm I. an seine Frau Katharina. 1816 heiratete der Thronfolger die russische Zarentochter. Dafür ließ er seine Ehe mit der bayrischen Prinzessin Charlotte annullieren. Es war wohl wirklich wahre Liebe, sagt man, obwohl der König viele Lieben gehabt haben soll …

Schon drei Jahre nach der Hochzeit starb die junge Königin an den Folgen einer Lungenentzündung. Ihr Tod löste im gesamten Land große Trauer aus. Für König Wilhelm war klar: Seine große Liebe sollte nicht vergessen werden. Deshalb ließ er für sie ein Mausoleum auf dem Württemberg bauen, Katharinas Lieblingsplatz. Dafür wurde dort die Stammburg seiner Familie abgetragen und ein Tempel errichtet.

Seit 1824 thront die Grabkapelle ganz oben auf dem höchsten Punkt, umgeben von Weinbergen. Die Aussicht über Stuttgart und das Neckartal ist grandios. Daimler, Stadion, Cannstatt. Die City mit Schlossgarten, Karlshöhe, Pragsattel. Den Fernsehturm sieht man auch gerade noch, außerdem den Frauenkopf.

Wenn die Sonne langsam über dem Kessel untergeht, ist romantische Stimmung vorprogrammiert. Von der Treppe des Mausoleums hat man alles gut im Blick. Noch besser: Einen schönen Platz im Grünen suchen, die Gläser auspacken und auf das Leben und die Liebe anstoßen. Wer nichts dabeihat: Im Psalmistenhaus unterhalb der Grabkapelle gibt's im netten Bistro 1819

edle Tropfen aus den Weinbergen rund um den Württemberg (www.1819bistro.de).

Übrigens lohnt sich auch ein Blick in die Grabkapelle. In der Gruft wurden Königin Katharina und König Wilhelm I. nebeneinander beigesetzt, zudem liegt hier Tochter Marie Friederike Charlotte von Württemberg begraben.

Mindestens genauso schön wie die Grabkapelle ist es in den Weinbergen rundherum. Wer gerne noch einen Abendspaziergang machen möchte, findet viele Möglichkeiten. Ein Ausflug bietet sich auch im Herbst an, wenn die Blätter bunt und die Trauben reif sind. Dann kann man mit etwas mehr Zeit vom Weinbaumuseum am Uhlbacher Platz hinaufgehen, am besten mit einer leckeren Flasche Wein aus der Vinothek (www.weinbaumuseum.de).

FAZIT: EIN DATE AM SCHWÄBISCHEN TAJ MAHAL – ROMANTISCHER GEHT'S KAUM.

Hin & weg: Mit der S-Bahn oder Stadtbahn zur Station Untertürkheim, von dort weiter mit der Buslinie 61 bis Rotenberg oder zu Fuß zur Grabkapelle (2 km).

Beste Zeit: Im Herbst und zum Sonnenuntergang, dann ist das Licht zauberhaft. Wer die Grabkapelle besichtigen will, muss schon früh Feierabend machen (www.grabkapelle-rotenberg.de).

Dauer: Am besten bis Sonnenuntergang.

Ausrüstung: Getränke nach Wahl und Gläser zum Anstoßen auf die Liebe.

WINTER WARMUP

 ... am Bismarckturm im Norden 

Dem nasskalten Winter im Kessel entkommen – ganz ohne Reisebüro? Einfach raus aus der Stadt und hoch zum Bismarckturm. Wem da noch nicht warm genug ist, der kann bei heißem Glühwein vom nächsten Sommer träumen. Und mit etwas Glück schaut auch die Feierabendsonne vorbei.

Gähkopf? Nie gehört! Aber den Bismarckturm kennen in Stuttgart alle. Und der steht mitten auf dem Gähkopf, dem höchsten Punkt im Norden der Stadt. Die Aussicht ist einfach legendär. Nicht nur im Sommer!

Egal, wie kalt es ist: Ein kleiner Feierabendausflug hoch zum Turm macht immer gute Laune. Also rein in die dicken Winterstiefel, Thermoskanne mit Tee oder Glühwein füllen, ein paar Freundinnen und Freunde schnappen – und los. Mit dem Bus kann man ganz entspannt (fast) direkt bis zum Turm fahren. Nur noch zehn Minuten bergauf, schon ist man da und praktischerweise bereits aufgewärmt.

Der Blick von oben in den Kessel macht Stuttgart aus. Am Bismarckturm liegen nicht nur die Dächer der Stadt vor einem, sondern man hat zudem einen perfekten Blick auf Stuttgarts berühmtesten Turm, den Fernsehturm (Eskapade #26).

Der Bismarckturm gehört eher in die Kategorie ziemlich massiver Steinbrocken. Gebaut wurde er 1904 zu Ehren des Reichskanzlers Otto von Bismarck. Der Bismarckturm in Heidelberg sieht dem Stuttgarter übrigens ziemlich ähnlich. Das liegt daran, dass die meisten der Türme damals nach ein und demselben Entwurf gebaut wurden. In Deutschland findet man rund 150 davon. Viele hatten eine Feuerschale auf dem Turmkopf. Auch in Stuttgart brannte früher zur Sonnenwende ein Feuer.

So ein bisschen Wärme wäre jetzt gar nicht schlecht. Ein Lagerfeuer kann man oben am Bismarckturm allerdings nicht machen. Im Sommer bringen aber einige ihren Grill mit, dann wird gepicknickt, gechillt, gespielt und

Der Bismarckturm macht an sonnigen Winternachmittagen besonders viel Spaß. Wer schnell friert, packt eine Thermoskanne ein.

eine Runde Tischtennis gezockt. Ach, Sommer, das wäre jetzt zu schön ...

Wenn die Wintersonne rauskommt, hat man hier weit über der Stadt immerhin die besten Chancen, selbst nach Feierabend noch eine Portion Vitamin D abzukriegen. Dann setzt man sich möglichst vorne auf die Steinmauer und genießt die letzten Strahlen, den Blick und die Ruhe. Neue Perspektiven sind einfach immer gut.

Wer hoch hinauf auf den Turm will, muss am Wochenende wiederkommen, denn nur dann wird der Turm für Besucherinnen und Besucher geöffnet. 20 Meter weiter oben hat man einen 360-Grad-Blick über die Stadt und ins Feuerbacher Tal. Genial!

Doch auch auf dem Platz vor dem Turm ist die Aussicht spektakulär. Und wenn der Fernsehturm in der Abendsonne strahlt, ist der Winterblues ganz schnell vergessen. Mit einem Heißgetränk in der Thermoskanne kann man hier ganz gemütlich sitzen. Wer es bis nach Sonnenuntergang aushält: Der Blick aufs Lichtermeer ist auch ziemlich gut.

Falls die Füße doch langsam kalt werden, steigt man im Zickzackkurs hinab bis zur Robert-Bosch-Straße und rutscht von dort immer weiter über die Stäffele runter in den Kessel. Besonders schön ist die Ehrenhaldenstaffel. Ruckzuck ist man so wieder im dichten Stuttgarter Westen. Knapp zehn Gehminuten bis zum Linden-Museum, da wartet der Bus. Ab nach Hause – und aufwärmen.

FAZIT: OB BEIM DATE, MIT FREUNDINNEN ODER DER FAMILIE: DER BISMARCKTURM IST LEGENDÄR!

Hin & weg: Mit Bus 42/50 zur Haltestelle Am Bismarckturm und von dort noch etwa zehn Gehminuten. Runter in den Westen über die Ehrenhaldenstaffel zur Haltestelle am Lindenmuseum.

Beste Zeit: Herbst/Winter, dann gibt's hier oben lange Sonne. Ist aber das ganz Jahr über schön!

Dauer: Bis die Sonne untergeht oder die Füße kalt sind.

Ausrüstung: Thermoskanne mit Tee oder Glühwein und ein paar Lieblingsmenschen.

HORIZONT ERWEITERN

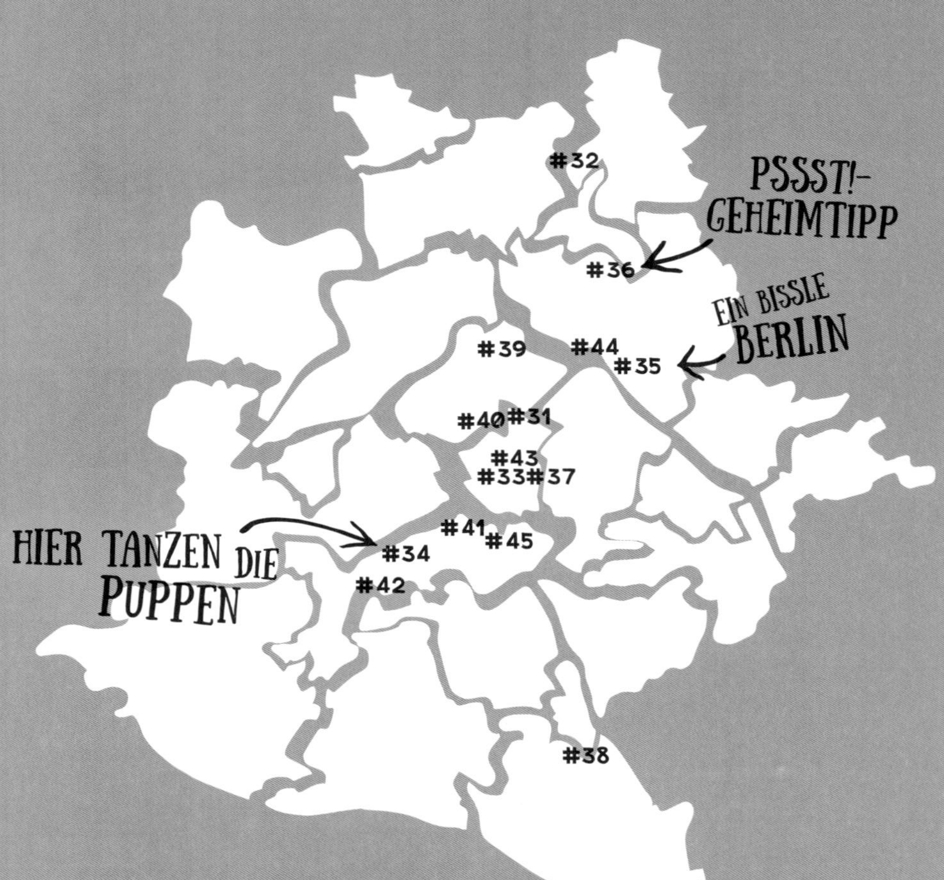

Kunst- und Kulturhäppchen

*Eine Runde Paternoster fahren,
Streetart unter der Brücke bestaunen oder
im Chinesischen Garten meditieren: Stuttgart
steckt voller Herzensorte.*

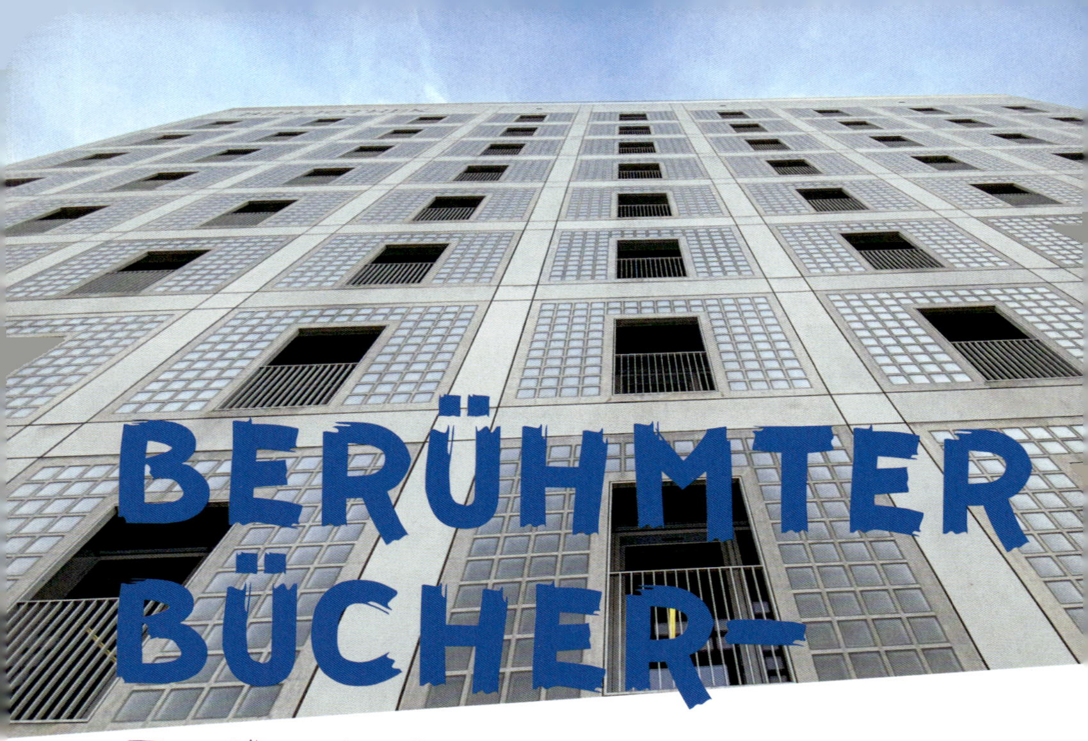

BERÜHMTER BÜCHER-BLICK

... in der Stadtbibliothek Stuttgart-Mitte

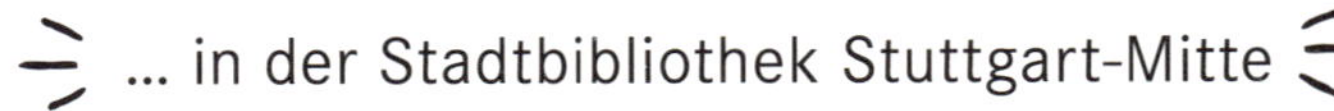

#31

Auf Instagram ist sie Stuttgarts berühmtester Spot: die Stadtbibliothek am Mailänder Platz. Der futuristische Bücherwürfel sieht aber nicht nur gut aus – er hat es auch ganz schön in sich! Eine halbe Million Bücher warten hier darauf, entdeckt zu werden.

#Bücherwürfel #Instaspot #ganzinWeiß #thatLibraryagain

Von außen ein weißer Würfel, von innen ein cooles Bücherparadies – nicht nur für Insta-Fans.

Bücherknast. Ein Spitzname für die neue Stadtbibliothek war nach der Eröffnung 2011 schnell gefunden. Und tatsächlich erinnert der Quader mit den vielen kleinen Fenstern und Gittern auf der Fassade ein bisschen an ein Gefängnis. Aber nur von außen! Denn wer erst einmal drinnen ist, wird schnell in den Bann gezogen von der klaren Formensprache, der puristischen Architektur des südkoreanischen Architekten Eun Young Yi, der das Gebäude geplant hat.

Mittendrin im Kubus: das Herz der Bibliothek, eine fahlweiße, quadratische und leere Halle. 14 Meter hoch, breit und tief. Wer diesen Raum auf sich wirken lässt, soll zur Ruhe kommen. Aber es wäre schade, hier stehenzubleiben.

Denn Stuttgarts großer Bücherwürfel ist nicht nur preisgekrönt als Bibliothek des Jahres. Das Gebäude ist inzwischen weltberühmt. Tausendfach fotografiert und geteilt auf Instagram. Schon alleine deshalb, weil die Bilder so

Nicht nur Bücher stehen hier, sogar Schallplatten kann man ausleihen – und auflegen.

wirken, als seien sie bearbeitet. Alles strahlt ganz in Weiß: Regale, Tische, Böden, Decken, Wände. Hat was! Vor allem das, was kommt, wenn man die Treppen nach oben steigt. Ein einziger, riesiger Raum zieht sich über sieben Stockwerke. Ohne Wände und nur dort Böden, wo sie wirklich gebraucht werden. Die Galerien, auf denen sich die Bücher befinden, sind mit Treppen verbunden und führen einmal komplett um den Trichter im Innenraum herum.

Am besten fährt man mit dem Aufzug ganz nach oben zum besten Spot, der XXL-Galerie. Was für ein gigantischer Blick nach unten auf die bunten Bücherwände. Mintgrüne Sofas machen Lust darauf, sofort loszuschmökern. Und dafür ist die Bibliothek ja schließlich auch da, um Zeit mit Büchern zu verbringen. Mit dicken und dünnen, heiteren und ernsten. Mit Büchern, die Geschichten erzählen oder den Horizont erweitern. Und davon gibt's hier jede Menge: Auf neun Etagen über und zwei Etagen unter der Erde verteilen sich rund 500 000 Bücher, Filme, Hörbücher und andere digitale Medien.

Wer nicht alles ausleihen, sondern gemütlich lesen will, findet Tische und Stühle, Leseinseln und Sessel, Hocker und Kinderbereiche. Die Bibliothek ist außerdem ein Platz zum Arbeiten: 120 Notebooks können ausgeliehen werden. Geöffnet ist bis 21 Uhr. Statt ins Kino kann man also einfach mal in die Bibliothek. Und wer noch später Feierabend hat: Im Eingangsbereich gibt's in einem Schließfach Bücher rund um die Uhr.

Kunst to go bietet die Bibliothek übrigens auch. Man kann man nicht nur Bücher auslei-

hen, sondern auch Gemälde, Zeichnungen und Skizzen für die Wände Zuhause. Es gibt sogar einen Plattenspieler und ein Klavier – samt passenden Platten und Noten. Da kann man die Musikstücke direkt ausprobieren. Wie cool ist das denn?

Bevor man diese klare, weiße Welt wieder verlässt, unbedingt noch einen Ausflug auf die Dachterrasse machen. Von dort hat man einen tollen Blick auf die Stadt sowie auf Stuttgarts größtes und umstrittenstes Bauprojekt, den neuen Hauptbahnhof.

Wer eintaucht in die Bibliothek, verbringt dort schnell mehrere Stunden und sieht dann beim Verlassen des Gebäudes den Bücherknast mit ganz anderen Augen. Nicht nur, weil die Gitter und Fenster abends leuchtend blau angestrahlt werden.

FAZIT: REINGEHEN, STAUNEN, FOTOGRAFIEREN UND VOR ALLEM – LESEN!

Hin & weg: U5/U6/U7/U15 zur Station Stadtbibliothek am Mailänder Platz.

Beste Zeit: Rainy days, dann kann man stundenlang schmökern (www.stadtbibliothek-stuttgart.de).

Dauer: Bis die Bibliothek um 21 Uhr schließt.

Ausrüstung: Stofftasche, um die besten Bücher nach Hause zu tragen.

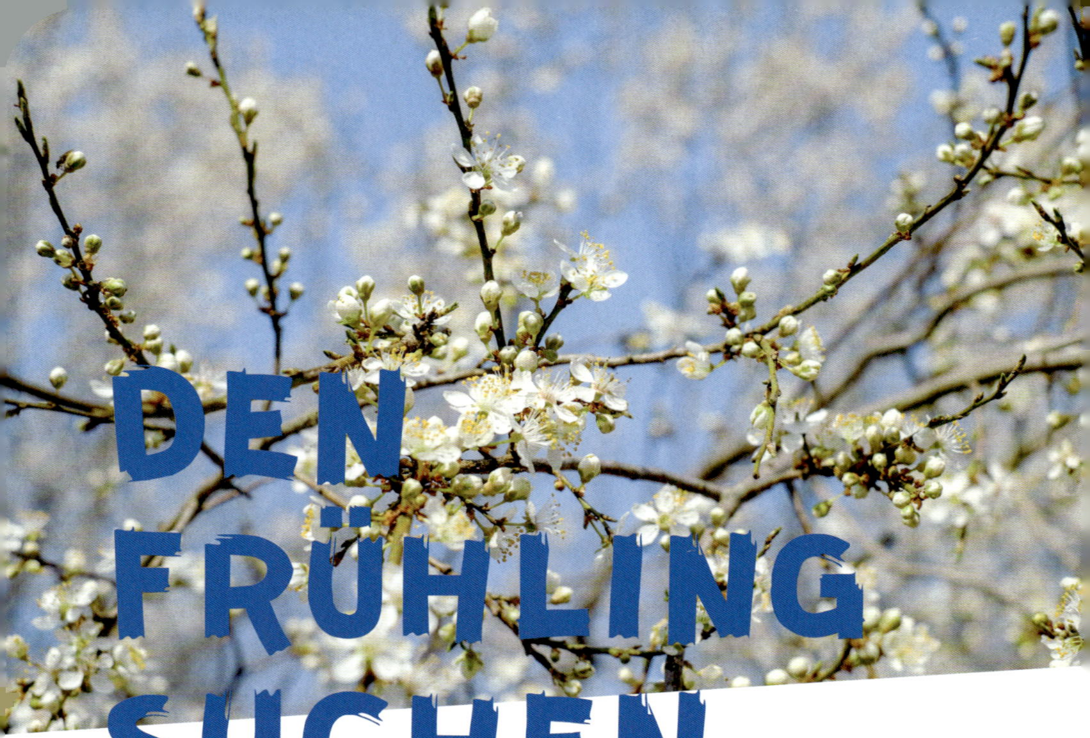

DEN FRÜHLING SUCHEN

… im Unteren Feuerbachtal

#32

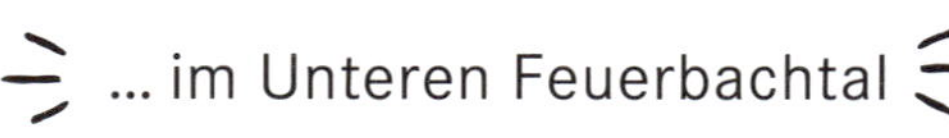

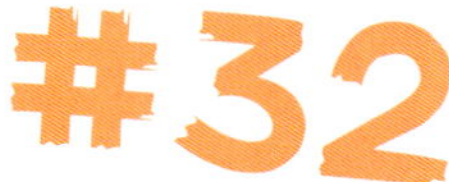

Raus aus dem Winterblues! Sobald die Sonne im März für ein paar Tage rauskommt, steht ein Ausflug an den Stadtrand auf der Bucket List für den Feierabend. Denn im Unteren Feuerbachtal und im Eschbachwald riecht es dann schon nach Frühling.

#derfrüheVogel #FlowerPower #rausausderBude #halloFrühling

Nicht zu übersehen: Frühling, ja du bist's wirklich!

Die U7 bringt Frühlingssuchende schnell an den Stadtrand im Stuttgarter Norden. Von der Haltestelle Freiberg sind es nur noch ein paar Schritte bis in den Eschbachwald. Ob der Frühling schon da ist? Wenn, dann hier! Im Naturschutzgebiet im Unteren Feuerbachtal erwacht er in Stuttgart Jahr für Jahr zuerst. Denn wenn die Bäume noch kein Laub tragen, fällt jedes bisschen Sonnenschein direkt auf den Waldboden. Mit etwas Glück beginnt schon Anfang März ein herrliches Farbenspiel.

Da! Auf dem Boden, zwischen Moos und Herbstblättern, blitzt es gelb. Und weiß. Die Buschwindröschen zeigen es eindeutig: Frühling, ja du bist's wirklich! Nach den dunklen Wintertagen ist die Sehnsucht nach buntem Leben riesig. Und die Freude erst. Auch wenn die Bäume noch keine Blätter haben, ist der Wald mit seinem Blumenteppich wunderschön.

Unter der Woche ist es übrigens herrlich ruhig. Einmal durch den Wald streifen, runter ins Tal. Dann am Waldrand entlang, immer mit Blick auf den Feuerbach. Der BUND hat ihn Anfang der 1990er-Jahre aus seinem Betonkanal befreit. Seitdem plätschert und sprudelt er mitten durch die grüne Wiese. Dazu zwitschern Vögel, und am Wegrand leuchten blaue Tupfen im grünen Gras. Wer näher rangeht, entdeckt weitere Frühlingsboten: Blausterne, einer neben dem anderen.

Mehr als 300 verschiedene Pflanzen, verschiedene Vogelarten, Fledermäuse, Frösche, Wildbienen, Schmetterlinge und viele mehr bewohnen die Wälder, Streuobstwiesen, den alten Steinbruch und die Gräben im Feuerbachtal. Seltene Pflanzen und schutzwürdige Tiere, hier findet man sie noch. Zum Beispiel ganz unten am Talende, beim Krötenteich. Halbzeitpause auf der Bank am See. Noch wächst

Einmal durch das Naturschutzgebiet: Im Unteren Feuerbachtal gibt‘s viel zu entdecken. Wasser, Wiesen und viele Frühlingsblumen.

nicht viel. Dafür hat man einen schönen Blick in die Talaue. Das Licht wird immer besser, die Abendsonne spiegelt sich im Wasser. Am Ufer schwimmt schon neues Leben. Laich von den Erdkröten – oder von den Grünfröschen?

Wer’s genau wissen will, schaut am besten in ein Bestimmungsbuch oder auf die Infotafel. Dort erfährt man, wann die ersten Kaulquappen schlüpfen und welche Vögel durch die Luft flattern. Etwa zehn dieser Tafeln verteilen sich auf dem Gelände. Einen ausgeschilderten Weg gibt’s nicht wirklich, aber das Gelände ist übersichtlich, verlaufen kann man sich nicht.

Das Untere Feuerbachtal ist das ganze Jahr über ein schönes Fleckchen, im Frühjahr aber ganz besonders. Die Märzsonne scheint einem sehr lange ins Gesicht. Keine Häuser, wenig Bäume: So wird der Weg durchs Tal zum echten Feierabendgenuss. Noch dazu sorgt die Sonne für dieses spezielle Frühlingskribbeln, das man nach dem langen Winter im ganzen Körper spürt.

In den Streuobstwiesen sieht man den Frühling ebenfalls bereits kommen. Die ersten Bäume haben schon weiße Blüten. Das freut nicht nur die Spaziergänger, sondern auch die Insekten. Es summt und brummt nur so im Abendlicht. Dazu der blaue Himmel und die bunten Blumen. Macht einfach glücklich. Am liebsten würde man sich eine Portion Frühling einpacken, bevor man wieder in die Bahn steigt.

FAZIT: BEI DIESEM FRÜHLINGSAUSFLUG SPÜRT MAN ENDLICH WIEDER DAS LEBEN IN SICH!

Hin & weg: Mit der U7 Richtung Mönchfeld hin und zurück ab Haltestelle Freiberg. Wer mag, verlängert die Tour und steigt erst an der Haltestelle Himmelsleiter wieder ein.

Beste Zeit: An einem sonnigen Tag im März.

Dauer & Strecke: 1 Std. für 3 km.

Ausrüstung: Lupe, Bestimmungsbuch und Sonnenbrille.

UPSIDE DOWN

... im Paternoster im Rathaus

Graue Regentage brauchen ein Gute-Laune-Programm. Und das beginnt direkt nach Feierabend im Stuttgarter Rathaus. Die Fahrt mit einem der Paternoster dort ist abenteuerlich und noch dazu kostenlos. Aber Achtung: Wer im obersten Stockwerk nicht aussteigt, fährt auf dem Kopf weiter. Oder?

#Beamtenbagger #StuttgartimRegen #VintageZeitreise

Freie Fahrt im Beamtenbagger: Die Paternoster im Stuttgarter Rathaus sind ein kleines Aben(d)teuer.

Paternoster. Klingt irgendwie putzig und definitiv viel schöner als Umlaufaufzug. Denn das sind diese historischen Lifte eigentlich. Im Stuttgarter Rathaus gibt's gleich drei davon. Und damit wird der Betonklotz in der Innenstadt doch noch zum Herzensort. Der Paternoster im Marktplatzflügel dreht schon seit 1956 seine Runden. Zwölf Kabinen fahren rauf und runter, alle an einer Kette. Daher kommt übrigens der Name: Paternosterschnur hat man den katholischen Rosenkranz früher genannt, da auf zehn kleine Perlen für das »Ave Maria« eine größere Perle für das »Vater unser« – oder Paternoster – folgte.

Manche sagen auch Beamtenbagger, weil die Aufzüge früher ein beliebtes Fortbewegungsmittel in vielen Verwaltungsgebäuden waren.

Erste Herausforderung: Gut festhalten und rein, ohne zu stolpern.

Wie immer man das Gefährt nennen mag: Ein Paternoster kann mehr als Akten transportieren. Eine Runde nach Feierabend macht richtig gute Laune und sorgt für einen kleinen Adrenalinschub.

Erstmal rein in den fahrenden Holzkasten. Den richtigen Moment finden, dann ein großer Schritt – schon geschafft. Das Holz knarzt, die Zahnräder klappern, ziemlich aufregend diese Fahrt. Der Nervenkitzel gehört dazu. Schafft man es rechtzeitig wieder raus? Und was passiert eigentlich ganz oben?

Paternoster sind sozusagen die Dinosaurier unter den Aufzügen. Sie sterben langsam, aber sicher aus. In Deutschland sind nur noch rund 200 der historischen Aufzüge in Betrieb. Die meisten in Berlin, Bonn und in der Paternoster-Hauptstadt Hamburg. Doch Stuttgart kann mithalten. Neben dem Rathaus gibt's beispielsweise im Arbeitsgericht und im Literaturhaus Paternoster. Allerdings nicht öffentlich zugänglich.

In den drei Vintage-Aufzügen im Rathaus dürfen alle eine Runde drehen. Oder zwei. Wobei das mit der Runde nicht wirklich stimmt. Kurz bevor es oben rumgeht, muss man nämlich aussteigen. Denn ... Ja, was passiert eigentlich beim Umlauf? Stehen die Holzkästen danach auf dem Kopf? Am besten mal vor Ort anschauen. Wer nach oben blickt, der sieht und hört es.

Wenn man erstmal drin ist, läuft alles rund.

Hat man genug, kann man sich auch einfach eine Weile vor den Paternoster stellen. Zu Feierabendzeiten ist manchmal so viel los, dass man sich wie in einem Miniaturtheater fühlt. Wer wohl als Nächstes zu sehen sein wird?

Übrigens hat das Stuttgarter Rathaus noch etwas ganz Besonderes zu bieten: Hoch oben im Turm hängt nämlich ein Glockenspiel, das fünfmal am Tag erklingt, abends um 18.35 Uhr und um 21.35 Uhr. Die Playlist ist lang. Unter den 70 Volksliedern finden sich Tophits wie »Muss i denn zum Städtele hinaus«, »Kein schöner Land« und »Der Mond ist aufgegangen«. So klingt er also: Stuttgarts Sound of Feierabend.

FAZIT: VINTAGE-FAHRT MIT NERVENKITZEL. WO GIBT'S DAS SONST NOCH AUßER IM RATHAUS?

Hin & weg: U1/U2/U4/U9/U14 bis Haltestelle Rathaus.

Beste Zeit: Wochentags, zu Rathaus-Öffnungszeiten.

Dauer: Kommt ganz darauf an, wie oft man ein- und aussteigt.

Ausrüstung: Flache Schuhe, damit man nicht stolpert.

PUPPEN-TANZ

#34

Ein bisschen schief, ein bisschen zugewachsen – ein Hexenhaus wie aus dem Märchen. Ist das noch Stuttgart? Wer genau hinschaut, wird verzaubert. Von unzähligen kleinen Wesen, die überall auf ihren Einsatz warten. Denn drinnen im Haus beginnen die Puppen zu tanzen.

#Marionettenliebe #Zauberort #amgoldenenFaden

Wenn die Tür offensteht, ist Helga Brehme bereit. Das kleine Glück liegt in ihren Händen. Die Puppenspielerin zieht nicht nur seit mehr als 50 Jahren die Fäden in ihrem kleinen Theater. Sie weiß auch genau, wie man ein Stück Holz zum Leben erweckt.

Gelernt hat sie das Schnitzen in Prag. Die alten böhmischen Marionetten haben die damals jungen Studentin fasziniert. Von der Kunstakademie in Stuttgart führte sie ihr Weg in die tschechische Hauptstadt. 1966 kehrte sie zurück in den Kessel. Und sie wusste, was ihr Leben ist: ein eigenes Puppentheater.

Der kleine Innenhof ist das ganze Jahr über eine offene Märchenbühne. Hier stehen Stühle und Bänke, um sich für einen Augenblick niederzulassen. Unter dem alten Holzdach hängen bunte Marionetten. Zwischen den Pflanzen steht sogar ein altes Holzpferd. Nicht nur Kinder bekommen strahlende Augen.

Das Theater am Faden ist das älteste Puppentheater der Stadt. Und das zauberhafteste sowieso. In dem mehr als 200 Jahre alten Haus leben unten die Puppen und oben Helga Brehme. Theaterpuppen von überall aus der Welt hat sie zusammengetragen, aus Indien, Indonesien, Tschechien und Russland. Dazwischen sind immer wieder ihre eigenen »Kinder «ausgestellt und vieles andere mehr: Muscheln, Glocken, Zinnfiguren, Stoffe, Spielzeug, Musikinstrumente. Krimskrams sagen die einen, Schätze die anderen. Auf jeden Fall ein ganzes Leben.

Durch einen dunklen, schmalen Geheimgang geht's weiter in die Märchenwelt. Sieht man genau hin, entdeckt man hinter Gucklöchern

Ein Ort zum Staunen: Das Theater am Faden ist einfach märchenhaft.

die Werkstatt der Meisterin und landet kurz darauf in einer bunten Kostümecke. Hier hängen Kleider wie aus »Tausendundeiner Nacht«, glitzernde Tuniken, indische Tücher und bunte Hüte. Wer mag, darf sein Ich eine Weile zurücklassen und für die Zeit der Vorstellung in eine andere Rolle schlüpfen. Das macht nicht nur den kleinen Gästen Freude, sondern auch den großen.

Wenn die Glocke klingelt, ist es endlich wieder soweit: Das Spiel beginnt! Dann gehen alle gespannt rüber in den kleinen Theaterraum. Nur 60 Plätze gibt's dort. Auf bunten Holzstühlen sitzen all jene, die sich verzaubern lassen wollen. Von Holzpuppen, die im Scheinwerferlicht vor einem einfachen Bühnenbild zur Musik tanzen. Sie sprechen nicht, nur ab und zu kommt etwas Text aus dem Lautsprecher. Helga Brehme hat es immer so gewollt. Das verleiht ihren Puppen einen ganz besonderen Zauber.

Verzaubern können einen auch andere Orte in Stuttgart, denn die Stadt ist eine Puppenhochburg. An der Stuttgarter Hochschule für Musik und Darstellende Kunst kann man Figurentheater studieren. Und mit dem FITZ gibt's seit rund 40 Jahren ein Theater, das zu den europäischen Zentren für Figurentheater gehört (fitz-stuttgart.de). Puppentanz vom Allerfeinsten!

FAZIT: EIN PLATZ ZUM TRÄUMEN FÜR ALLE, DIE DAS KINDSEIN NOCH NICHT VERGESSEN HABEN.

Hin & weg: Mit der U1/U9/U34 zum Bihlplatz, weiter zu Fuß zum Theater am Faden, Hasenstraße 32.

Beste Zeit: Immer dann, wenn die Puppen tanzen (www.theateramfaden.de).

Dauer: Eine halbe Stunde vor Beginn der Aufführung und mindestens so lange, bis das Licht ausgeht.

Ausrüstung: Freude und Mut, nochmal wie ein Kind zu staunen.

KULTU
INSE
Wir
ernten
Was Wir Säen

NEUER BLICK

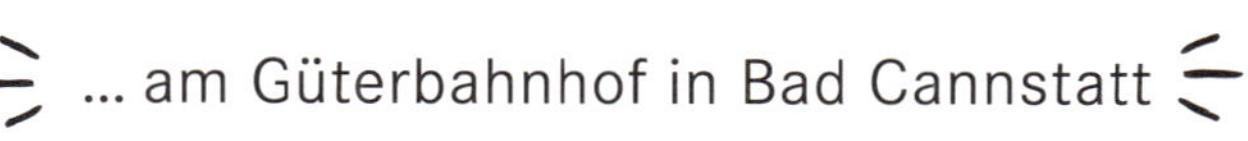

#35

Ein Fotowalk beim alten Zollhaus in Bad Cannstatt. Hier gibt's das, was man in Stuttgart selten findet – viel Platz für kreative Ideen. Neben den Brachflächen des alten Güterbahnhofs entdeckt man begrünte Badewannen und eine urbane Gartenwelt. Rein in die Stuttgarter Subkultur!

#UrbanGardening #StuttgartbrauchtmehrSubkultur #Fotowalk

Bunter Ort mitten in der Stadt: Streetart an den Wänden, Grünzeug im Mit-Mach-Garten.

Erster Spot: Inselgrün, der urbane Gemeinschaftsgarten in Cannstatt. »Mit Mach Garten« steht auf einem Holzschild. Alle sind willkommen. Das gilt wohl auch für das Grünzeug. Egal ob Löwenzahn oder Brennnessel, alles darf wachsen. Und zwar überall: in Hochbeeten aus Paletten, alten Badewannen und – ja – sogar im Einkaufswagen. Es wird das zum Leben erweckt, was woanders aussortiert wird. Upcycling trifft auf grüne Daumen. So wächst hier eine kleine Oase im grauen Großstadtalltag. Mit vielen coolen Fotomotiven zum Entdecken. Also Smartphone oder Kamera raus – und los geht der urbane Fotowalk.

Auf dem ehemaligen Güterbahnhof zeigt sich, wie Stadtplanung in Stuttgart funktioniert. Eigentlich wollte man dort ein Olympisches Dorf bauen. Das war zumindest der Plan, als Stuttgart das riesige Areal im Jahr 2001 kaufte, um sich für die Olympischen Sommerspiele 2012 zu bewerben. Doch aus dem olympischen Traum wurde nichts. Danach passierte lange nichts auf dem Gelände zwischen Daimler-Motorenwerk und der Martin-Schleyer-Halle. Jetzt, mehr als 20 Jahre später, entsteht nach und nach der Neckarpark, ein neues Stadtquartier mit Wohnungen, Straßen und Plätzen.

Das Zollhaus soll die neue Mitte im Viertel werden. Das hoffen auch die Freundinnen und Freunde der Kulturinsel. Sie haben hier ihr Hauptquartier, bespielen seit mehreren Jahren den urbanen Ort mit Events, Workshops, einem Café und dem Gemeinschaftsgarten. Einmal rund um das alte Gebäude streifen, schon hat man noch mehr spannende Motive vor der Linse. Discokugel und Palettenmöbel, Streetart und Graffiti – ranzoomen, abdrücken.

Noch ein schönes Motiv ist das rote Backsteingebäude mit dem Turm gegenüber, Stuttgarts Stadtarchiv. Hinter den dicken Mauern liegt das Gedächtnis der Stadt: Akten, Fotos, Karten, Plakate, Filme, Gemälde, Amtsbücher und Grafiken. Wer recherchieren will, muss früh dran sein und kann dann Einblicke ins Familienregister nehmen oder in die Zeitungsausschnittsammlung schauen (archiv0711.hypotheses.org).

Fotowalks machen natürlich auch an vielen anderen Orten in Stuttgart Spaß. Coole Subkultur samt urbanen Gartenbeeten gibt's zum Beispiel rund um die Wagenhallen am Nordbahnhof. Aber auch Architektur (Eskapade #39), Streetfotografie, Lost Places (Eskapade #16), Museen. Erlaubt ist einfach alles, denn ein neuer Blick auf die Stadt schadet ja nie.

FAZIT: STUTTGART KANN AUCH EIN BISSCHEN BERLIN, ZUMINDEST BEI DIESEM FOTOWALK ÜBER DAS EHEMALIGE GÜTERBAHNHOFAREAL.

Hin & weg: Mit der U19 bis Haltestelle Cannstatter Wasen.

Beste Zeit: Frühling, Sommer, Herbst – dann wächst was.

Dauer: Bis man keine Motive mehr findet oder der Akku ausgeht.

Ausrüstung: Kamera oder Smartphone und ein bisschen Kreativität.

GESCHICHTE AUS STEIN

… im Travertinpark im Hallschlag

Manche kommen, um nach Feierabend Klimmzüge zu machen. Andere für Fotos mit romantischem Licht in rauer Industriekulisse. Aber der Travertinpark kann mehr: Zwischen einem stillgelegten Steinbruch und einer alten Zuckerfabrik lässt sich ein Stück Stuttgarter Industriegeschichte entdecken.

#vergesseneOrte #Industrielook #Freilichtmuseum #CannstatterMarmor

Aus Stuttgart in die ganze Welt: Der Cannstatter Marmor ist berühmt.

Ein alter Steinbruch mitten in der Stadt. Von hier aus wurde früher Travertin, der gelbe Cannstatter Marmor, in die Welt geliefert. 166 Stufen sind es die Römerstaffel hinauf in den Travertinpark. Der Blick hinab zeigt: Stuttgart von oben ist einfach immer wieder gut. Dieses Mal schaut man auf die Dächer von Bad Cannstatt, Stuttgarts ältestem Stadtbezirk, in der Römerzeit gegründet und für sein Mineralwasser berühmt (Eskapade #12).

In diesem Wasser lässt es sich nicht nur gut baden, es hat auch über Hunderttausende Jahre hinweg etwas Einmaliges in Deutschland geschaffen – den Cannstatter Travertin. Und der steckt voller Geheimnisse.

Cooler Industrielook: Der Travertinpark ist ein kleines Freilichtmuseum.

Seine ältesten Schichten sind in der Eiszeit vor mehr als 500 000 Jahren entstanden. In ihnen liegen, vom Kalk gut umschlossen, Reste von Pflanzen und Tieren. Immer wieder wurden Fossilien entdeckt, darunter Teile von Waldnashörnern und Sumpfschildkröten, Feuersteine, sogar ein riesiger Waldelefantenkopf. Besichtigt werden können der 1,30 Meter große Schädel und andere Funde im Naturkundemuseum am Löwentor (www.naturkundemuseum-bw.de).

Auch der Travertinpark ist ein kleines Freilichtmuseum. Seit 2007 werden dort keine Steine mehr abgebaut, doch die Spuren der Vergangenheit sind überall zu sehen. Eine historische Kranbahn aus dem Steinbruchbetrieb wurde restauriert und aufgestellt, Gattersäge und Sägetische daneben platziert. Einige Schautafeln erklären zudem, wie das Gestein entstanden ist und wie es bearbeitet wurde.

Ein paar Schritte weiter stolpert man auf dem kleinen Rundgang über eine alte Weiche. Es sind Reste der ersten elektrischen Industriebahn in Württemberg, die im Februar 1926 in Betrieb genommen wurde. Damals wurde der Cannstatter Marmor von hier aus in die Welt geliefert, bis nach Japan und Argentinien. In Stuttgarts Stadtbild ist der gelbe Kalkstein bis heute zu sehen, glattgeschliffen und poliert, zum Beispiel an der Fassade des Mittnachtbaus in der Innenstadt, an der Neuen Staatsgalerie oder am Rosensteinmuseum.

Auf Spurensuche: Wer genau hinsieht, entdeckt viel Leben im Industriedenkmal.

Der ehemalige Steinbruch ist inzwischen ein grünes Biotop. Überall ist Leben. Auf den Schotterhängen flitzen an sonnigen Tagen Mauereidechsen umher. Und am Rand haben Wildbienen ihre Erdhöhlen gebaut. Die Natur hat sich die Industriebrache zurückerobert. Zumindest auf diesem Teil des Areals. Direkt gegenüber liegt das Müllheizkraftwerk Münster.

Am Ende des Rundgangs lohnt ein Abstecher zu den Laustersäulen vor dem bunt bemalten Kraftwerk. Die Stadt Berlin hatte die 15 Meter hohen Travertin-Säulen im Jahr 1936 beim Steinbruchbetrieb Adolf Lauster in Auftrag gegeben. Sie sollten in einem Denkmal für Mussolini verbaut werden. Abgeholt wurden sie jedoch nie.

FAZIT: INDUSTRIECHARME UND VIEL GRÜN MACHEN DEN TRAVERTINPARK ZU EINEM SPANNENDEN INDUSTRIESPOT.

Hin & weg: Mit der U14 bis Haltestelle Kraftwerk Münster.

Beste Zeit: Im Frühling, wenn alles blüht und die Wildbienen unterwegs sind.

Dauer: 1 Std. mit Tafeln auf dem kleinen Rundweg.

Ausrüstung: Kamera für Porträts mit Industrielook.

STADT · PALAIS
TOMORROW
WE WERE OPEN
YESTERDAY

STUTTGART
ist schön,
gegen dieses Scheiß-
MÜNCHEN
ein
PARIS
Joachim Ringelnatz

WAS GEHT …?

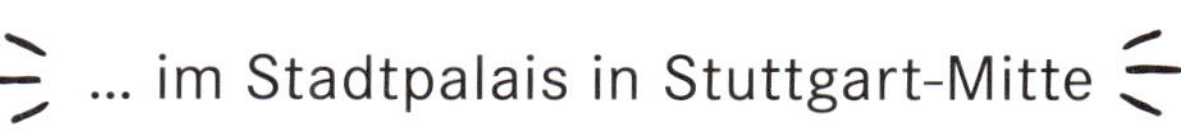

#37

Das Stadtpalais ist so viel mehr als ein Museum. Groß, klein, alt, jung, ganz egal – alle sind willkommen. Und eingeladen zum Mitdenken und Mitmachen. Denn es geht nicht nur um die Geschichte der Stadt, sondern auch um die Zukunft.

#StadtpalaisStuttgart #wirsind0711 #urbaneKultur

Einfach cool: Im Stadtpalais entdeckt man die Geschichte Stuttgarts auf kreative Art.

Das Stadtpalais ist sowas wie Stuttgarts Wohnzimmer. Lange hat es gedauert, ziemlich lange sogar, bis aus dem denkmalgeschützten Wilhelmspalais dieser liebenswert urbane Ort wurde. Ein Lieblingsplatz, auch für Museumsmuffel. Denn das Stadtpalais ist anders. Und das ist verdammt gut so!

20 Jahre wurde geplant und wieder umgeplant. Wo früher der württembergische König lebte und lange Zeit die Stadtbibliothek untergebracht war, ist vor wenigen Jahren ein modernes Stadtmuseum eingezogen. Bei Vernissagen gibt's Hip-Hop statt Häppchen. Alles ist möglich. Egal, ob digital oder analog, auf jeden Fall immer kreativ und gerne auch mal ein bisschen verrückt.

Skateboard, Graffiti, Feinstaub und natürlich die Fanta Vier gehören im Museum der »Mutterstadt« des Hip-Hop ebenso dazu wie die Stuttgarter Stadtgeschichten. Der Eintritt in die ständige Ausstellung im Obergeschoss ist kostenlos. Dort dreht sich alles um die Frage: Wie wird man eigentlich zur Stuttgarterin oder zum Stuttgarter?

Besonders beeindruckend ist das riesige, multimediale Stadtmodell. Handschuhe an und eintauchen in die Geschichte. Dafür auch am besten die Museumsapp runterladen, einen Mediaguide, bei dem bekannte und unbekannte, kleine und große Stuttgarterinnen und Stuttgarter durch die Ausstellung führen.

Im Untergeschoss haben die Kinder mit dem Stadtlabor ihre eigene Welt. Und die machen sie sich so, wie sie ihnen gefällt. Das ist so gewollt, denn genau dafür ist die riesige Kinderbaustelle da. Mit Helm und Handschu-

hen bauen die Jüngsten an der Zukunft der Stadt.

Auch der Garten rund um das Gebäude wird immer wieder zum Ausstellungsraum. Im Sommer gibt's das Festival Stuttgart am Meer, im Winter Stuttgart im Schnee. Ob Wasserrutsche, Rodelbahn oder die stehende Surferwelle – hier geht immer was.

Vor dem Stadtpalais zieht lärmend der Verkehr durch die Stadt. Das ist eben auch Stuttgart. Trotzdem sitzt man am Ende des Tages auf der großen Steintreppe irgendwie gemütlich, so direkt am Puls der City. Manchmal finden dort sogar Konzerte statt. Wer es ein bisschen ruhiger mag: Hinter dem Museum hat die Bar Drinnen & Draußen ihre Tische und Stühle aufgebaut. Bei einem Cocktail kann der Feierabend kommen!

FAZIT: MUSEEN SIND LANGWEILIG? WER DAS BEHAUPTET, WAR NOCH NIE IM STADTPALAIS. COOLER GEHT´S NICHT.

Hin & weg: Am besten mit dem Rad, denn das Stadtpalais liegt direkt an der Hauptradroute 1. Alternativ mit den Stadtbahnlinien zum Charlottenplatz, da halten fast alle.

Beste Zeit: Jederzeit, außer montags. Infos über Sonderausstellungen und Events gibt's unter www.stadtpalais-stuttgart.de

Dauer: Bis das Museum schließt. Und danach geht's auf der Treppe weiter.

Ausrüstung: Smartphone, um die Museumsapp zu laden.

53
D B 1
DB-001-5878
Sequoiadendron giganteum
(Lindl.) J.Buchholz
Bergmammutbaum
Wellingtonie
Taxodiaceae - Sumpfzypressengewächse
Westl. Nordamerika: Kalifornien

IM REICH DER BÄUME

… in den Hohenheimer Gärten

#38

Groß, größer, Mammutbaum! Im Exotischen Garten in Hohenheim wartet eine Expedition ins Reich der Baumriesen. Das Smartphone zeigt den Weg zu den Giganten aus königlichen Zeiten.

Ganz schön bunt: Im Mai blühen die Rhododendren.

Ein Blick aufs Smartphone, ein paar Schritte rechts, ein paar links – und zack, schon ist man am Ziel. Die Juglans nigra steht vor einem. Wie riesig der Baum ist! Und wie schön. Mehr als 30 Meter ragt die Schwarznuss Richtung Himmel. Nicht nur deshalb ist sie berühmt. Sie trägt den Titel »längster astloser Stamm in ganz Deutschland«. Und ziemlich alt ist sie auch. Die Wurzeln tief in der Erde, wächst die Schwarznuss in Hohenheim schon seit 1823.

Auf den Spuren der Baumgiganten spaziert man durch das Landesarboretum. Was für ein kompliziertes Wort für den herrlichen Park. Rund 2500 verschiedene Laub- und Nadelgehölzarten gibt's hier. Kein Baum sieht aus wie der andere. Und so staunt man über verschiedene Blätter, Stämme und lateinische Namen, und lernt ganz nebenbei jede Menge dazu. Am schönsten ist es in Hohenheim im Mai. Dann explodiert das Grün, und die Rhododendren blühen auch. Frühling, ja du bist's! Nach den langen Wintermonaten hat man beinahe vergessen, wie toll es ist, wenn die Natur wieder erwacht.

Entspannt streift man weiter von Baum zu Baum. Genießt die frische Luft und die Abendsonne. Nicht verpassen vor lauter Frühlingsglück: Liriodendron tulipifera, den amerikanischen Tulpenbaum. Dessen Samen wurden 1779 eingepflanzt, der Baum stammt aus der Gründerzeit des Gartens. Herzog Carl Eugen hatte die Idee, ein neues Schloss zu bauen und das Gelände drumherum in einen englischen Landschaftspark zu verwandeln. Dafür bildete er eigene Gärtner aus und gründete eine Baumschule. Damals wurden nicht nur heimische und exotische Bäume gepflanzt, es gab auch etwa 60 Gebäude und Monumente, die Carl Eu-

Das Schloss Hchenheim ist ein Hingucker – genau wie die Allee.

gen rund um die neue Sommerresidenz für sich und seine zweite Frau Franziska errichten ließ. Bis auf das Schloss und das Spielhaus ist davon nicht mehr viel übrig geblieben – nur die Bäume haben alle Zeiten und Stürme überdauert.

Jeder Baum hat ein Namensschild und eine eigene Geschichte. Die erfährt man bei speziellen Führungen oder eben bei der GPS-Tour. Ein Klick auf die digitale Karte, schon gibt's zu jedem der Baumriesen interessante Infos.

Wer am Ende der Tour noch nicht genug hat, spaziert weiter durch den Botanischen Garten und den Schlosspark die Allee hinauf zum Schloss. Dort warten ebenfalls spannende GPS-Touren. Also, los geht's! Oder wiederkommen. Am besten im Herbst. Dann verliert der Katsurabaum seine Blätter. Und die riechen ganz besonders – nach Lebkuchen.

FAZIT: GRÜNER FRÜHLINGSSPAZIERGANG ZWISCHEN RIESIGEN BÄUMEN.

Hin & weg: Stadtbahn U7 oder U15 Richtung Ostfildern bis Ruhbank (Fernsehturm), dann weiter mit Stadtbus 70 Richtung Plieningen bis Plieningen Garbe.

Beste Zeit: Mitte Mai, wenn alles grünt. Oder im Herbst, wenn der Lebkuchenbaum duftet. Die Hohenheimer Gärten sind ganzjährig und ganztags geöffnet und kosten keinen Eintritt.

Dauer: 1–2 Std. gehen schnell vorbei.

Ausrüstung: Ein Smartphone, die passende App und Internet, um die GPS-Route zu laden oder vorab zu speichern (gaerten.uni-hohenheim.de/gps-software).

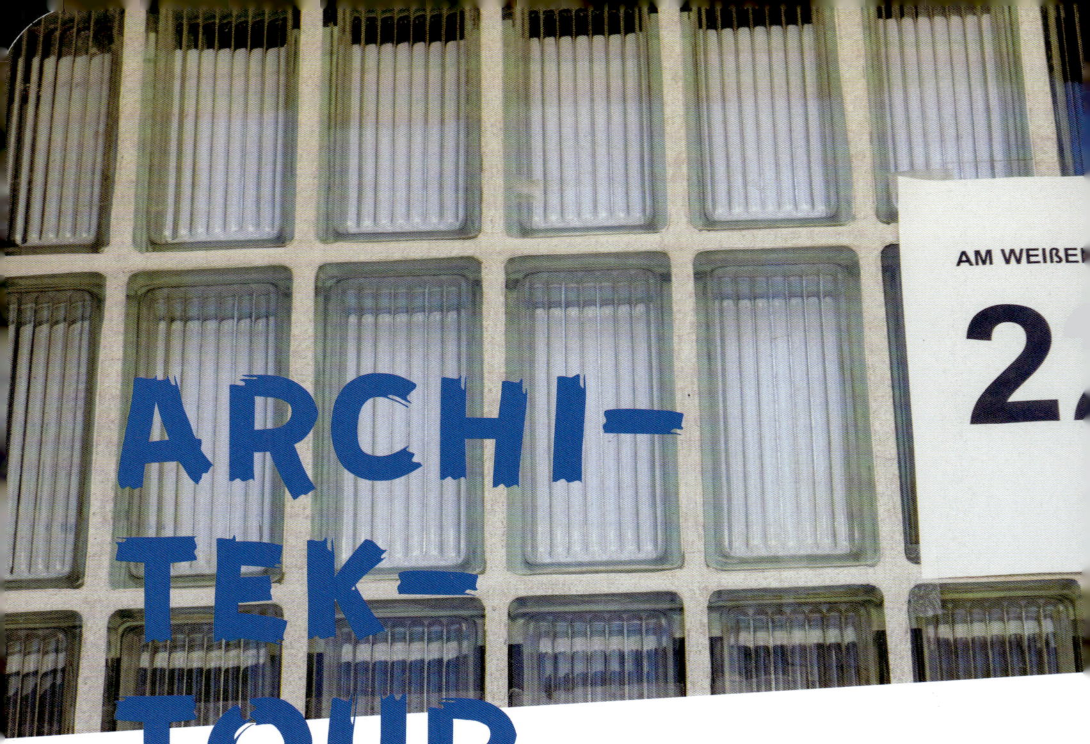

ARCHI-TEK-TOUR

… durch die Weissenhofsiedlung im Norden

#39

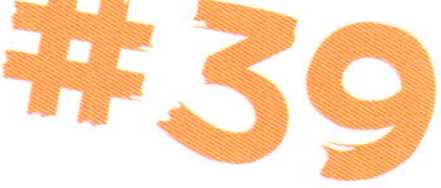

Stuttgarts Bauhaus-Architektur ist weltberühmt! Mit der Weissenhofsiedlung haben sich Stararchitekten wie Walter Gropius, Hans Scharoun und Le Corbusier ein Denkmal gesetzt. Und durch das kann man spazieren – im schönsten Abendlicht.

#Bauhausstil #Fotowalk #einfachnurwow

Klare Linien und schnörkellose Architektur, damit begeistert die Weißenhofsiedlung Besucher.

Die Architektour startet an der Kunstakademie. Von hier aus sind die weißen Häuser der Weissenhofsiedlung nicht zu übersehen. Sie strahlen im Abendlicht. Darüber der blaue Himmel. Davor grüne Hecken. Was für ein Bild! Kamera raus und abdrücken. Die Siedlung ist ein Traum für alle, die klare Linien und schnörkellose Architektur lieben. 1927 entstanden, hoch über der Stadt, als Bauausstellung der Stadt Stuttgart und des Deutschen Werkbundes. Eine Vision, wie Großstadtmenschen in den goldenen 1920er-Jahren leben sollen. Entwickelt von den noch jungen Architekten Le Corbusier, Walter Gropius, Ludwig Mies van der Rohe und Hans Scharoun. Einzige Vorgabe: Ein Flachdach musste sein.

Dieses Experiment des modernen Bauens faszinierte viele. Eine halbe Million Menschen pilgerten damals zum Killesberg, um die Ergebnisse zu sehen. »Avantgardistisch«, sagten die einen. »Entsetzlich«, die anderen. Fotografieren war damals übrigens strengstens verboten.

Heute kommen Bauhausfans aus der ganzen Welt, um die Siedlung zu erkunden und Erinnerungsfotos zu schießen. Die 21 Häuser mit 63 Wohnungen sind privat bewohnt, das Wohngebiet ist aber jederzeit frei zugänglich. An einem Wochentag geht's abends ruhig zu. Verlaufen kann man sich in den fünf Straßen nicht, die einmal rundherum um die berühmten weißen Wohnhäuser führen. Stelen aus Stahl stehen davor, mit vielen Infos, wer sie wie geplant und gebaut hat, und mit den Grundrissen.

Vorbei am Wohnblock von Ludwig Mies van der Rohe gelangt man zu den hellblauen Reihenhäusern von Mart Stam. Sie fallen besonders auf, nicht nur wegen der Fassaden-

Ganz in Weiß: Beim Spaziergang entdeckt man die modernen Bauhaus-Bauwerke.

farbe. Alle drei sind gleich aufgebaut, gleiche Tür, gleiche Treppe. Viel zu schön, um keinen Schnappschuss zu machen. Direkt daneben ist die Architekturgalerie untergebracht. Und dann, nur ein paar Schritte weiter um die Ecke, erreicht man den Hölzelweg. Am Ende der Straße steht Hans Scharouns berühmtes Haus 33: Die runde Fassade, die orangen Markisen, die im Garten blühenden Rosen – ein Wohntraum.

Der provokanteste Entwurf kommt ganz am Ende. Das Doppelhaus von Le Corbusier, die sogenannte »Wohnmaschine«, gehört seit 2016 zum UNESCO-Welterbe. Wenn das Museum offen ist, kann man sogar einen Blick hineinwerfen und sich wundern, wie minimalistisch man nach Le Corbusiers Plänen wohnen sollte. Besonders originell: Wie in einem Zugabteil verwandelt sich das Wohnzimmer für die Nacht mit wenigen Handgriffen in eine Schlafkabine.

Doch auch ohne Museumsbesuch ist der Spaziergang mehr als lohnenswert: Die Aussicht hier oben ist einfach grandios! Auf der einen Seite Stuttgarts Häuser, das Stadion und die Weinberge. Auf der anderen Seite die Weissenhofsiedlung – modern und unaufgeregt. Das viele Weiß, der blaue Himmel. Fast wie Meditation. Und Inspiration sowieso.

FAZIT: KLEINER RUNDGANG BEI GROßEN DESIGNKLASSIKERN.

Hin & weg: U5 zur Endhaltestelle Killesberg oder Bus 44 zur Kunstakademie, von dort nur ein paar Schritte zur Weissenhofsiedlung.

Beste Zeit: Spätsommer, bei Sonne und blauem Himmel, dann strahlen die weißen Fassaden am schönsten. Wer früh Feierabend macht: Im Weissenhofmuseum im Haus Le Corbusier (Rathenaustraße 1) gibt's Infos und offene Führungen (www.weissenhofmuseum.de).

Dauer & Strecke: 1 Std. für 1 km.

Ausrüstung: Kamera und Stativ – und ein bisschen Glück für das perfekte Licht.

一涧自流云
万松时洒翠

NI HAO!

Der Ausflug nach Fernost beginnt im Stuttgarter Norden. Wer durch das Eingangstor tritt, landet zwischen dichtem Bambus, geschichteten Steinen und hoher Gartenkunst. Es sind nur wenige Schritte in eine komplett andere Welt.

#madeinChina #Ommmm #YinYang

Chinesische Schriftzeichen und exotische Tiere: Der chinesische Garten fühlt sich an wie ein Kurzurlaub in Fernost.

»Das Leben beginnt mit dem Tag, an dem man einen Garten anlegt«, sagt ein altes chinesisches Sprichwort. Das klingt gut – der Urheber hatte aber wohl nicht die Entwicklung des Stuttgarter Immobilienmarktes im Blick. Immerhin, wer keinen eigenen Garten hat, kann zumindest einen sehr schönen besuchen. In Halbhöhenlage, mit Blick auf den Talkessel und neben dem ältesten erhaltenen Weinberg der Innenstadt, liegt der chinesische Garten Qingyin (www.chinagarten-stuttgart.de). Das bedeutet: Garten der schönen Melodie.

Er ist ein Paradies. Ein Rückzugsort mitten in der Stadt. Was viele nicht wissen: Der Chinagarten lag nicht immer so wunderschön an der Panoramastraße, sondern zuerst im Rosensteinpark. Dort entstand er 1993 für die Internationale Gartenbauausstellung als einer der Nationengärten. Danach wurde er mit Hilfe chinesischer Facharbeiter versetzt. Zum Glück!

Wer durch das Tor kommt, tritt ein in eine andere Welt. Eine mit Bambussträuchern, chinesischen Schriftzeichen und Fischen. Alles hat eine Bedeutung, jeder Stein, jede Pflanze. Nichts wird dem Zufall überlassen. Der Garten soll die Welt im Kleinen spiegeln, mit all ihren Gegensätzen: Aufgehen und Vergehen, Frühling und Herbst, Leben und Sterben, Wasser und Steine.

Mittendrin die Halle der Freundschaft, ein Symbol der engen Beziehung zwischen Baden-Württemberg und seiner südchinesischen Partnerprovinz Jiangsu. In solch einem Haus wird traditionellerweise Tee getrunken. Dabei schaut man auf einen Teich mit großen und kleinen Koi-Karpfen. Wasser ist die Seele al-

ler chinesischen Gärten. Vorsicht aber auf der Zick-Zack-Brücke: Wie im echten Leben muss man aufpassen, nicht vom sicheren Weg abzukommen.

Die chinesischen Texte im Chinagarten stammen aus alten Gedichten, sind mehr als 1000 Jahre alt und von Hand geschrieben. Auch wenn man ihre Bedeutung nicht kennt, nehmen sie einen mit auf die Reise nach Fernost.

Auf dem kleinen Hügel über dem Wasserfall steht der Pavillon der vier Himmelsrichtungen. Von hier aus hat man eine herrliche Sicht über die Stadt. Auf den Steinbänken kann man einfach mal tief durchatmen oder eine Runde meditieren. Manchmal sieht man Menschen beim Tai Chi. Andere telefonieren gerne. Fast alles ist erlaubt, solange man keinen stört - und mit sich selbst und dem Kosmos im Reinen ist.

FAZIT: FERNREISE OHNE FLUGZEUG – ABER DAFÜR MIT KESSELBLICK.

Hin & weg: Bus 44 bis Im Kaisemer, dann ein paar Schritte zur Panoramastraße 33.

Beste Zeit: Geht immer, selbst bei Regen findet man einen trockenen Platz.

Dauer: Bis es dunkel wird.

Ausrüstung: Wer mag, bringt eine Yogamatte mit - oder Sushi to go.

STEIN-ZEIT

... im Städtischen Lapidarium im Süden

#41

Skulpturen mit Geschichte: Das Städtische Lapidarium ist Stuttgarts steinernes Freilichtmuseum. Die historische Parkanlage mit Terrassen, Innenhöfen und alten Bäumen lädt zum Verweilen ein. Und so nebenbei lässt sich ganz viel Kunst entdecken.

#Zeitreise #Kunst&Kultur #Auszeit

Zeitlose Schönheit: die schlafende Diana.

Ein bronzener Ritter bewacht den Eingang. Wer an ihm vorbei die Stufen hinaufsteigt, landet nicht in der Steinzeit, aber macht eine kleine Zeitreise. Das Städtische Lapidarium ist Stuttgarts kleines Freilichtmuseum. *Lapis* bedeutet auf Latein »der Stein«. Zwischen Bäumen und Blumen lauter Erinnerungen aus Stein und aus fünf Jahrhunderten Stadtgeschichte.

Ein Garten mit einem ganz eigenen Zauber. Ein verwunschener Ort. Am Fuß der Karlshöhe, versteckt zwischen prächtigen Villen und hinter dicken Mauern. Wer ihn betritt, geht auf eine besondere Entdeckungsreise.

Schon 1887 wurde er im Auftrag des Chemie-Fabrikanten Gustav Siegle für seine älteste Tochter Margarete angelegt, als Geschenk zu ihrer Hochzeit mit dem BASF-Aufsichtsrat Karl von Ostertag. Dieser brachte von seinen Reisen nach Rom rund 200 antike Steinfragmente mit und ließ sie in die Rückwand einer Wandelhalle im Garten einsetzen, ganz nach dem Vorbild italienischer Renaissance-Bauten.

1950 erwarb die Stadt Stuttgart das Grundstück samt Villa und richtete dort das Städtische Lapidarium ein. Heute erzählen hier viele Kunstwerke, Mosaike und Skulpturen ihre Geschichten. Manche sind neu restauriert wie der schöne, weiße Apoll von Belvedere. Groß und prächtig steht er unter den Bäumen. An anderen Kunstwerken nagt der Zahn der Zeit, wachsen Flechten und Moose auf dem Stein. Doch auch das Vergängliche hat seinen Reiz.

Zwischen Brunnenfiguren und Grabplatten, Skulpturen und Reliefs verfliegt die Zeit. Dabei gibt's noch so viel zu entdecken. Die Jaspis-Schale aus dem Besitz der Königin Olga. Die

Spannende Perspektiven und viel Steinzeit im Villengarten.

Schlafende Diana von Emil Epple aus der benachbarten Villa Gemmingen. Dazwischen liegen immer wieder Teile von historisch bedeutenden Stuttgarter Bauwerken, manche davon wurden von Hand aus dem Trümmerschutt der im Krieg zerstörten Stadt ausgegraben. Zum Beispiel sieht man darunter ein Stück des Portals vom Alten Steinhaus, einem der ältesten Häuser Stuttgarts.

Auch auf dem Birkenkopf wurden in den 1950er-Jahren Tausende Tonnen Trümmerschutt aus dem Zweiten Weltkrieg abgelagert. Darunter sind ebenfalls Bruchstücke von Kunstwerken und Stuttgarter Gebäuden. Angeordnet in einer Spirale die sich bis zum Gipfel zieht. Mahnmal und Denkmal zugleich. Und so ist der Monte Scherbelino Stuttgarts zweites Freiluftlapidarium – mit Panoramablick über den Kessel (Eskapade #15).

Fazit: Gehört zur Kategorie Was-ich-schon-immer-mal-machen-wollte – zu Recht!

Hin & weg: Vom Marienplatz in wenigen Minuten zu Fuß zur Mörikestraße 24/1.

Beste Zeit: Frühjahr–Herbst. In den Wintermonaten geschlossen (www.stadtpalais-stuttgart.de > Museumsfamilie > Städtisches Lapidarium).

Dauer: 1 Std. geht schnell vorbei.

Ausrüstung: Kamera und Buch für eine Lese-Auszeit.

AUF PROMI-ZEITREISE

... rund um den Waldfriedhof in Degerloch

In vier Minuten zurück in Stuttgarts Geschichte? Kein Problem! Mit dem Erbschleicherexpress, Stuttgarts historischer Standseilbahn, geht die Fahrt von Heslach rauf zum Waldfriedhof. Dort führt ein Spaziergang durchs bunte Herbstlaub und vorbei an Grabsteinen mit großen Namen der Stadt.

#Stadtflucht #Holzklassedeluxe #Friedhofsgeschichten

Holzklasse de luxe: Der Erbschleicherexpress bringt alle elegant hinauf zum Waldfriedhof.

Die Zeitreise beginnt mit Stuttgarts Standseilbahn. Schnell einsteigen, bevor die schwere Holztür geschlossen wird. Auch wer die Bahn kennt, staunt immer wieder. Was für eine Schönheit!

Der Waggon aus edlem Teakholz, die Bänke beheizt. Das ist Holzklasse de luxe. Und die Fahrt erst! In nur vier Minuten raus aus dem Kessel, auf Schienen und am Stahlseil mitten durch den Wald, fast wie Schweben. Lärm und Hektik der Stadt bleiben unten zurück. Oben wartet eine andere Welt. Schon seit 1929 bringt die Seilbahn Menschen hinauf zum Waldfriedhof im Stadtteil Degerloch. Damals kostete die Fahrt 15 Pfennig. Und weil es viele Streitereien gab, hat die Bahn einen ungewöhnlichen Spitznamen: Erbschleicherexpress.

Auf dem Friedhof geht die Reise weiter. Am besten streift man erstmal ein bisschen umher. Weil damals in Stuttgart kein Platz mehr

Berühmte Stuttgarterin: Die Löwen bewachen das Grab der Dompteurin Claire Heliot.

war, wurde 1914 dieser neue Friedhof gebaut. In bester Hanglage – mitten im Wald. Das macht den Ort besonders. Die letzte Ruhe, nirgends passt das so gut wie hier. Nur das Laub raschelt unter den Füßen, ein paar Vögel zwitschern leise. An einem sonnigen Herbstnachmittag trifft man höchstens ein Eichhörnchen.

Unter großen Bäumen liegen berühmte Stuttgarterinnen und Stuttgarter begraben. Dicht nebeneinander: Erfinder Robert Bosch, der frühere Bundespräsident Theodor Heuss und Kaufhauskönig Eduard Breuninger. Wer mehr über ihr Leben erfahren will, lädt sich am besten den kostenlosen Audioguide aufs Smartphone (www.wo-sie-ruhen.de). QR-Code suchen, scannen und ab in die Vergangenheit.

Etwas versteckt, bewacht von zwei weißen Gipslöwen, liegt das Grab von Claire Heliot. Ihre Geschichte ist berührend. Die Tierpflegerin war Ende des 19. Jahrhunderts eine der berühmtesten Dompteurinnen der Welt. Doch 1907 durchbiss ein Löwe ihre Hüfte. So kam sie nach Stuttgart und züchtete dort Pferde. Die Weimarer Republik nahm ihr das ganze Vermögen. 1953 starb sie schließlich in einem Stuttgarter Altenheim – einsam und verarmt.

Stunde um Stunde könnte man so verbringen, spazierend ein Grab nach dem anderen, eine Geschichte nach der anderen entdecken. Eintauchen in längst vergangene Zeiten, sich erinnern an vergessene Menschen. Die Geschich-

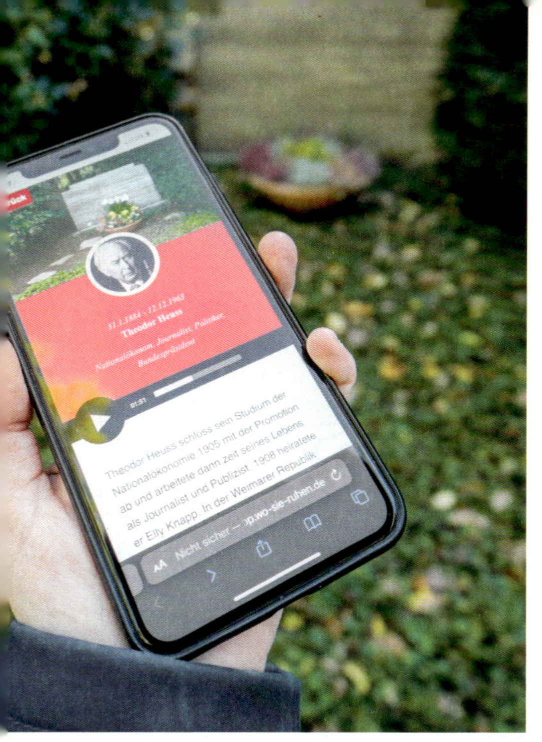

QR-Code scannen – schon gibt's spannende Geschichten.

te der Stadt wird oben auf dem Waldfriedhof lebendig.

Wer die Eskapade verlängern möchte und sich für Zeitgeschichte interessiert, spaziert rüber zum Dornhaldenfriedhof (immer den Schildern nach). An seinem Rand findet man ein berühmtes Gemeinschaftsgrab. Darin wurden im Oktober 1977 unter großem Protest die RAF-Terroristen Andreas Baader, Gudrun Ensslin und Jan-Carl Raspe bestattet. Sie hatten sich in der JVA Stammheim das Leben genommen.

Der damalige Stuttgarter Oberbürgermeister Manfred Rommel beendete die Diskussion um die Grabstelle mit den Worten: »Mit dem Tod muss alle Feindschaft enden.«

FAZIT: WER SEHNSUCHT NACH RUHE HAT, IST HIER GENAU RICHTIG. DAZU GIBT'S SPANNENDE LEBENSGESCHICHTEN ZU ENTDECKEN.

Hin & weg: U14 zum Südheimer Platz, weiter mit der Standseilbahn zum Waldfriedhof (Fahrplan auf www.vvs.de). Dort startet der Spaziergang.

Beste Zeit: Im Herbst, wenn die Blätter bunt sind.

Dauer: 1–2 Std. Wer verlängern will, spaziert in 30 Min. rüber zum Zahnradbahnhof und fährt mit der Zacke runter zum Marienplatz.

Ausrüstung: Smartphone für den digitalen Friedhofsrundgang. Am Eingang liegen »Lebens-Linien«-Flyer mit Infos und Lageplan aus.

SELFIE MIT RITTER

... im Alten Schloss in Stuttgart-Mitte

#43

Mit Pferden hat vor mehr als 1000 Jahren alles begonnen. Als Herzog Liudolf seinen Stutengarten schützen wollte, baute er eine Wasserburg. Heute ist das Alte Schloss ein Ort der Geschichten und Legenden. Der Innenhof ist ein beliebtes Fotomotiv. Und das Café in der Dürnitz ein echter Geheimtipp.

#Prachtschloss #zauberhaftesWahrzeichen #imHerzenderStadt

Erst den prächtigen Innenhof bestaunen, dann die breite Reitertreppe. Und danach: Kuchenzeit!

Es war einmal ein tapferer Ritter, Eberhard im Barte, der erste Herzog von Württemberg. Heute steht der Landesvater mit Pferd und Schwert mitten im Innenhof des Alten Schlosses. Kaum jemand kommt her, ohne ein Selfie mit ihm zu schießen. Man hat ja auch nicht jeden Tag einen echten Herzog vor der Linse.

Der Innenhof des Alten Schlosses ist so schön, dass Leute von überall aus der Welt übers Kopfsteinpflaster spazieren und die Arkaden bewundern. Wer in Stuttgart lebt, ist eher selten hier. Dabei sind es doch nur ein paar Schritte vom Trubel am Schlossplatz in den ruhigen Innenhof, mitten im Herzen der Stadt.

Wo heute das Schloss steht, baute Herzog Liudolf vor mehr als 1000 Jahren ein Gestüt und eine Wasserburg. Und um diese Burg wuchs die Stadt. Mehr als 400 Jahre lang war das Alte Schloss die Residenz der Grafen und Herzöge von Württemberg und das Machtzentrum des Landes Württemberg. Bis das Neue Schloss nebenan errichtet wurde.

Während man in dieses keinen Blick werfen kann, ist der prächtige Innenhof hier jeden Tag geöffnet. Herzog Christoph von Württemberg war es, der die Wasserburg im 16. Jahrhundert zum Renaissance-Schloss umbaute. Mit Schlosskirche und Reitertreppe, über die Gäste des Herzogs hoch zu Ross direkt zum Rittersaal im Obergeschoss reiten konnte. Noch heute kann man die berühmte Treppe hinaufsteigen – aber bitte ohne Pferd.

Im Alten Schloss sind die Ritter schon lange aus- und stattdessen zwei Museen eingezogen: das Landesmuseum Württemberg und das Kindermuseum Junges Schloss. Hinter

den dicken Mauern warten Exponate von der Steinzeit bis in die Gegenwart sowie Geschichten aus mehr als 250 000 Jahren.

Ganz so alt ist der älteste Gebäudeteil nicht – der Dürnitzbau, das heutige Museumsfoyer. Schon im Mittelalter war die Dürnitz ein besonderer Ort. Dort trafen sich Hofleute und Gäste, um zu plaudern und zu speisen. Die Dürnitz war die einzige Halle einer Burg, die beheizt werden konnte. Heute sitzt man fürstlich in Designermöbeln vor alten Spitzbogenfenstern. Genießt einen Cappuccino, ein Stück Torte und den Blick auf Markhalle, Karlsplatz und sogar den Fernsehturm.

Wer noch mehr über die Geschichte Stuttgarts erfahren will: Im Museumshop gibt's spannende Sach- und Fachbücher. Da bleibt man gerne noch etwas länger sitzen.

FAZIT: ZAUBERHAFTER ORT MIT GANZ VIEL GESCHICHTE UND TOLLEM SCHLOSSCAFÉ.

Hin & weg: Mit einer der vielen Stadtbahnlinien bis Haltestelle Charlottenplatz oder mit U5, U6, U7, U12, U15 bis Haltestelle Schlossplatz. Alternativ mit dem 42er- oder 44er-Bus. Dann zu Fuß noch ein paar Schritte zum Alten Schloss, Schillerplatz 6.

Beste Zeit: Donnerstags wegen der längeren Öffnungszeit der Dürnitz (www.landesmuseum-stuttgart.de). Besonders zauberhaft ist der Innenhof rund um Weihnachten, wenn weiße Herrnhuter Sterne leuchten.

Dauer: Bis das Museum schließt.

Ausrüstung: Neugier auf Ritter und Co.

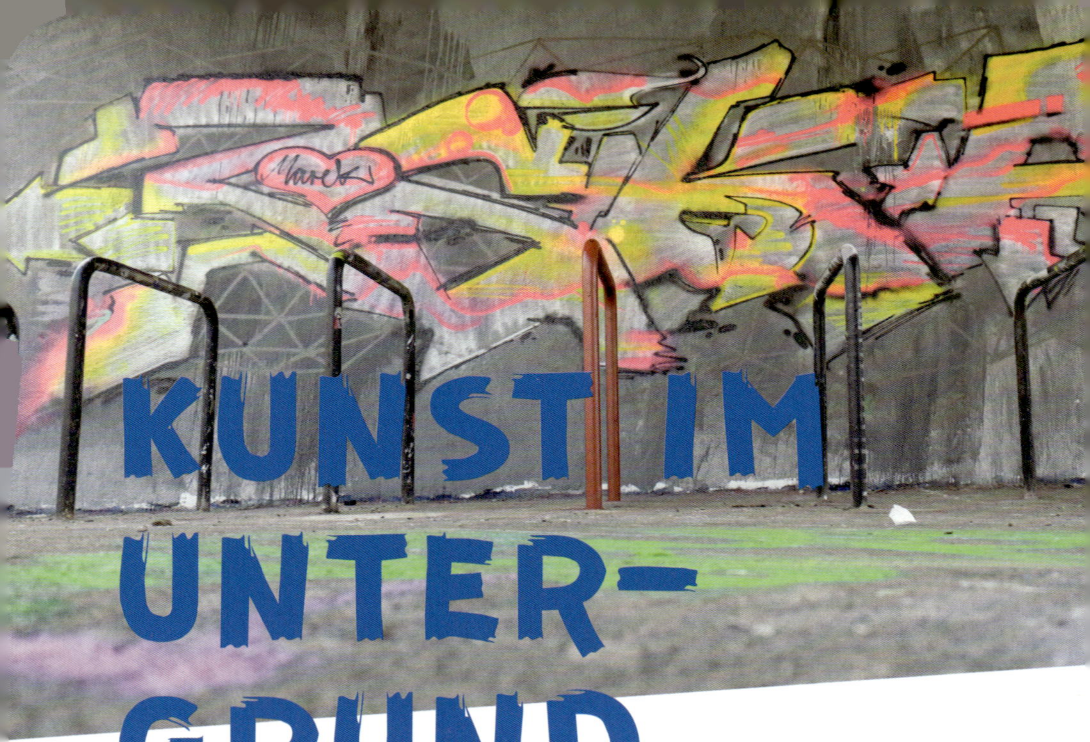

KUNST IM UNTER-GRUND

… Graffitigalerie in Bad Cannstatt

#44

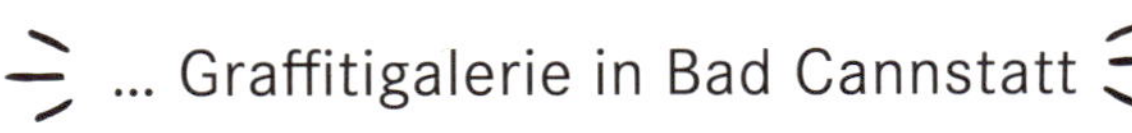

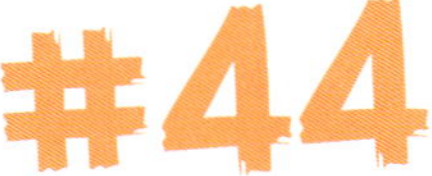

Oberflächlich gesehen ist Stuttgart ziemlich grau. Doch es gibt sie, die bunten Ecken im urbanen Raum. Die Hall of Fame ist Stuttgarts urbanster Graffiti-Spot. Eine Galerie versteckt unter der König-Karls-Brücke. Auf grauem Beton explodieren hier die Farben – und das ganz legal.

#justspray #Streetart #secretWalls #UrbanArt

Die Hall of Fame: Hier wird Stuttgart richtig bunt.

Um Stuttgarts Streetart-Szene zu entdecken, muss man zur König-Karls-Brücke am Neckar. Während oben der Verkehr rauscht, wird unter der Stadtbahn-Haltestelle Mercedesstraße gesprayt. Wände, Brückenpfeiler, Mülleimer – alles bunt. Die Graffiti-Galerie am Neckar ist mit Abstand Stuttgarts kreativste Unterführung.

Wer beim Sprayen beobachtet wird, muss nichts befürchten. Die Hall of Fame ist nämlich einer der wenigen Orte, an denen das legal ist. Stuttgart hat die Flächen freigegeben für alle, die gerne mit der Spraydose kreativ sind. Und wenn man die Streetart-Kunstwerke ansieht, sind das ziemlich viele. Es gibt sogar Kurse, bei denen Profis zeigen, wie man's macht.

Von wegen Schmierereien: Graffiti sind echte Kunstwerke.

Alle sind willkommen, und man kann so lange üben, bis das Graffiti fertig ist. Nur Böden und Decken sind tabu. Und es gibt noch ein No-Go: Ein anderes Werk teilweise übersprayen (Crossing genannt) geht gar nicht. Kommt man neu dazu, sucht man sich also ein älteres oder beschädigtes Graffiti, streicht am besten einmal weiß drüber und legt dann los.

In den Achtzigern kam der Graffiti-Trend aus den USA nach Europa und irgendwann über München auch nach Stuttgart. Manche ärgern sich über die »Schmierereien« an Bahnhöfen, Unterführungen und Hauswänden. Aber es gibt auch viele Leute, die Graffitis mögen, als Teil der urbanen Stadtkultur. Wer zwischen den riesigen Werken unter der König-Karls-Brücke steht, staunt über die Kunst mit der Spraydose. Unterschiedliche Styles und verschiedene Farben machen den grauen Ort sehr lebendig.

Mit etwas Glück findet man unter einem der Werke vielleicht den Tag Jeroo. So markiert Christoph »Jeroo« Ganter nämlich seine Streetart. Der Stuttgarter ist einer der Großen der Szene, sprüht auf der ganzen Welt und immer wieder auch in der Hall of Fame. Seine Kunstwerke sind außerdem an der Haltestelle Sommerrain, am Nordbahnhof und an Brückenpfeilern in Stuttgart-Heslach zu sehen.

Wem ein Graffiti besonders gut gefällt, der sollte schnell ein Foto schießen! Streetart ist vergänglich. Kunstwerke kommen und

Stuttgarts bester Streetart-Spot verändert sich immer wieder.

verschwinden. Sogar aufwändige Arbeiten sind oft nicht länger als ein paar Wochen zu sehen. Das gehört dazu. Eines Tages wird jedes Graffiti übermalt oder vom Dampfstrahler erledigt.

Zwar ist die Hall of Fame Stuttgarts bester Streetart-Spot, aber man findet auch in Stuttgarts Straßen jede Menge zum Bewundern: Graffitis, Stencils, Pieces, Murals, Plakate, Kacheln, Sticker. Alles ist irgendwie Kunst im öffentlichen Raum. Und die schafft es, einem ganz unverhofft immer wieder ein Lächeln ins Gesicht zu zaubern.

Also, Augen auf: Es gibt viel Buntes zu entdecken im grauen Kessel!

FAZIT: SCHÜTTELN, SPRAYEN ODER STAUNEN – STUTTGARTS KREATIVSTE KUNSTGALERIE MACHT GRAUE TAGE BUNT!

Hin & weg: Mit der U2/U11/U19 zur Mercedesstraße, dann zur Hall of Fame unter der König-Karl-Brücke.

Beste Zeit: An grauen Regentagen wird man an dem Graffiti-Spot besonders gerne verweilen, denn dort ist es bunt und trocken.

Dauer: Wer nur zuschaut, 0,5 Std. Wer sprayt, bleibt natürlich so lange, bis das bunte Kunstwerk aus der Dose fertig ist.

Ausrüstung: Die eine oder andere Spraydose und eine Schutzmaske.

AUF SPUREN-SUCHE

… Stolpersteintour im Heusteigviertel

#45

Sie erinnern an dunkle Zeiten der Stuttgarter Stadtgeschichte, die mehr als 800 Stolpersteine. Hinter jedem verbirgt sich ein Schicksal, das nie vergessen werden soll. Ein Rundgang durchs Heusteigviertel auf den Spuren der jüdischen Vergangenheit.

#keinVergessen #Stolpersteine #dunkleZeitreise

Die Stolpersteine zeigen, was bis heute schmerzt: Die Opfer lebten mitten in der Stadt.

Oft nimmt man sie kaum wahr, wenn man gedankenlos über den Gehweg eilt. Bei dieser Tour spaziert man aber ganz bewusst durch Stuttgarts Straßen. Den Blick am Boden, suchend von Stein zu Stein, von Schicksal zu Schicksal. Es ist eine Reise zurück in die dunkle Zeit des Nationalsozialismus.

Die Spurensuche beginnt an der Markuskirche. Vor dem Haus am Markusplatz 1 liegt ein Stein mit Messingplatte im Pflaster. »Hier wohnte Dr. Robert Gutmann, Jg. 1873«, steht darauf. »Deportiert 1942. Theresienstadt. Ermordet 23. 8. 1942.«

Der Kölner Künstler Gunter Deming hatte die Idee zu diesem besonderen Erinnerungsprojekt. Anfangs gab es Kritik, Protest, sogar Widerstand. Doch Deming ließ nicht locker. Mehr als 800 Stolpersteine hat er inzwischen in Stuttgart dort einbetoniert, wo jüdisches Leben ausgelöscht wurde.

Die Römerstraße hinauf geht die Zeitreise weiter. Vor der Tulpenstraße 7 erinnern zwei Steine an Klara und Isidor Fromm. Sie wurden 1942 mitten aus dem Heusteigviertel verjagt und nach Theresienstadt deportiert. Ihr Sohn Otto war bereits 1938 ins KZ Buchenwald verschleppt worden. Ein paar Häuser weiter, in der Nummer 5, lebte seit 1915 der Grafiker Wilhelm Bodenheimer. Er hatte ein ähnliches Schicksal wie Familie Fromm. 1943 deportierten ihn die Nazis nach Theresienstadt, nur einen Monat später wurde er im Konzentrationslager Treblinka ermordet.

Die Stolpersteine zeigen eine Seite des Faschismus, die bis heute schmerzt: Die Opfer lebten mitten in der Stadt, sie waren Nachbarn – und wurden schutzlos aus ihren Wohnungen vertrieben, abtransportiert und ermordet. Männer, Frauen und Kinder.

An die fünfjährige Ruth erinnert der Stein vor der Tulpenstraße 14. Ihr Vater Arthur konnte im Dezember 1938 Stuttgart in Richtung USA verlassen, seine Frau Edith und die Tochter blieben zurück. Mit dem ersten Deportationszug am 1. Dezember 1941 wurden die beiden vom Sammellager Killesberg aus über den Nordbahnhof nach Riga transportiert. Eine Fahrt in den Tod: Am 26. März 1942 wurden Ruth und Edith Lax im Wald von Biķernieki erschossen.

»Um den Ort, an dem man lebt, zu verstehen, ist es auch wichtig, seine Geschichte zu kennen«, steht auf der Internetseite des Stuttgarter Stolperstein-Projekts (www.stolper

Auf dem Spaziergang stolpert man immer wieder über die Steine im Boden. Schöne Geste: Putzen, damit sie wieder glänzen.

steine-stuttgart.de). Dort werden die Namen lebendig. Viele Ehrenamtliche haben recherchiert und in Archiven gesucht. Am besten auf dem Smartphone die Biografien dort lesen, wo die Menschen zuletzt lebten.

Ihre Geschichten machen nachdenklich. Ruhig spaziert man durchs lebendige Viertel, die Alexanderstraße entlang und die Neue Weinsteige hinab Richtung Olgastraße. Vorbei am Stolperstein für Buchhändler Walter Guttmann (Neue Weinsteige 3) führt der Weg zur Weißenburgstraße. Dort entdeckt man weitere Steine.

An der Ecke Mozartstraße in der Nummer 25 lebten Max und Regina Berber mit Tochter Rosa. 1936 musste Rosa die Volksschule im Viertel verlassen. Ihre Eltern wurden im Oktober 1938 nach Polen vertrieben. Rosa blieb allein zurück und kam mit 14 Jahren ins Waisenhaus. Am 6. Januar 1940 flüchtete sie in die USA zu ihrer Tante. Ihre Eltern sah sie nie wieder.

Bedrückend ist auch das Schicksal von Heinrich Wortsmann. An ihn erinnert der Stein am Ende der Weißenburgstraße (Nr. 2D). Hier lebte er mit seiner Schwester Martha. Sie konnte fliehen, für ihn war die Flucht unmöglich, denn nach Verletzungen aus dem Ersten Weltkrieg war er beinamputiert. Am 15. Februar 1942 nahm er sich das Leben.

Nach dem Spaziergang tut es gut, über den Fangelsbachfriedhof zu spazieren. Oder man fährt vom Olgaeck mit der U12 zur Gedenkstätte am Nordbahnhof (Haltestelle Milchhof). Dorthin, wo die Züge voller Menschen von Stuttgart aus abfuhren – in den Tod.

FAZIT: ERINNERN STATT WEGSCHAUEN. EIN SPAZIERGANG GEGEN DAS VERGESSEN IST HEUTE WICHTIGER DENN JE.

Hin & weg: Bus 42 direkt zur Markuskirche oder mit U1/U9/U34 zum Marienplatz.

Beste Zeit: Immer. Ganz besonders am 27. Januar, dem Holocaust-Gedenktag, oder am 9. November, dem Gedenktag an die Novemberpogrome 1938.

Dauer & Strecke: 1 Std. für 2 km.

Ausrüstung: Schwamm, Putztuch und Messing-Putzmittel – schon glänzen die matten Steine wieder. Und ein Smartphone, um die Schicksalsgeschichten zu lesen.

ABENTEUER IN SICHT

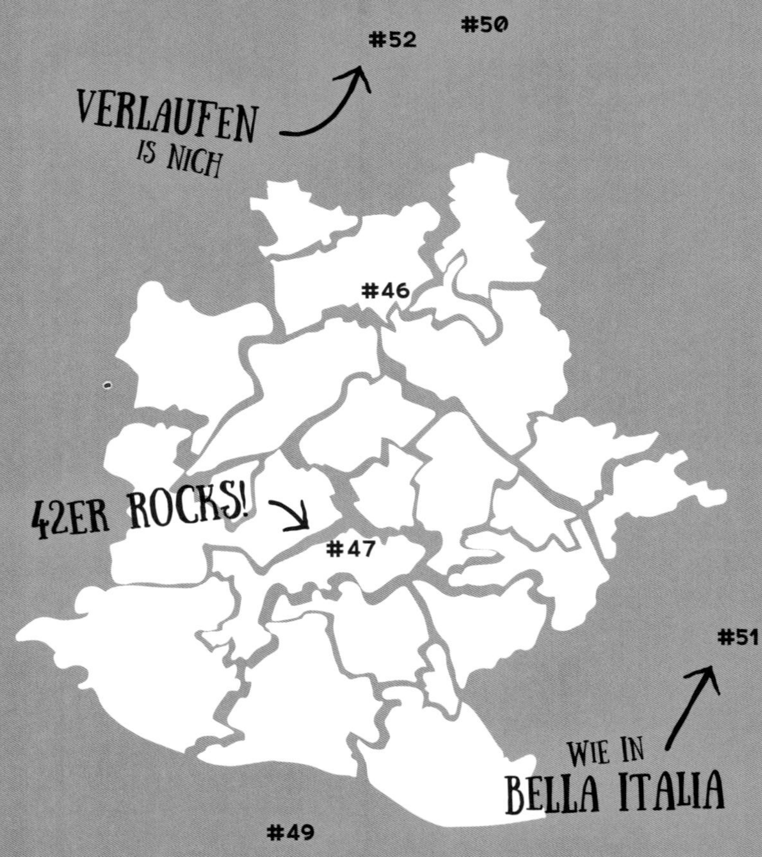

#48

Mikroabenteuer für alle Tage

Immer gradeaus wandern, für die Stadtführung ins Kanu steigen oder mit dem Bus durch den Kessel brettern. So wird der Feierabend zum kleinen Abenteuer.

I'M WALKING

… auf dem Rössleweg rund um Stuttgart

Im Uhrzeigersinn einmal rund um Stuttgart wandern? Der Rössleweg macht's möglich! Die 54 Kilometer lange Wanderstrecke ist gut ausgeschildert und in zwölf Etappen aufgeteilt. Eine rauspicken, Rucksack packen und wandern, bis es dunkel wird. Den Rückweg übernimmt die Stadtbahn.

#urbanWalking #Weitwandern #100ProzentStuttgart

Steile Weinberge und Neckarpanorama: Auf dem Rössleweg macht Stadtwandern Spaß.

→ Abenteuer in Sicht

In 54 Kilometern einmal rund um Stuttgart: Ultraläufer lieben den Rössleweg. Sie nehmen die Strecke gerne als Trainingsrunde – komplett! Man muss es aber nicht gleich übertreiben. Die Etappe von Zuffenhausen nach Steinhaldenfeld ist wunderschön für eine Wanderung nach Feierabend. Start und Ziel liegen ganz praktisch direkt an der Stadtbahn. Und unterwegs warten steile Weinberge mit herrlicher Weitsicht.

Das Rössle, Stuttgarts Wappentier, markiert den Weitwanderweg (schwarzes Pferd auf gelbem Kreis). Ab und zu kann aber ein Blick auf die digitale Karte nicht schaden.

Von der Haltestelle Hohensteinstraße geht's zwischen den Häusern direkt hoch hinauf in die Weinberge. Der erste Höhepunkt wartet schon kurz nach dem Robert-Bosch-Krankenhaus: der Burgholzturm mit einem herrlichen Weitblick über die Rebstöcke runter zum Neckar und ins Tal. Dort drüben in den Steillagen, wo das Cannstatter Zuckerle wächst, führt der Rössleweg entlang. Doch erst einmal weiter zum Schnarrenberg, dann absteigen zum Neckarufer und über die Aubrücke nach Mühlhausen.

Ein Weitwanderweg mitten in der Stadt. Hier im Osten durch die Weinberge, im Westen durch den Wald. Dazwischen immer wieder geologisch und historisch interessante Punkte und natürlich ganz viel Panorama. Kaum zu glauben, dass der Rössleweg beinahe von einer vierspurigen Schnellstraße plattgemacht worden wäre. Ende der 1960er-Jahre sollte diese mitten durch die Wälder gebaut werden,

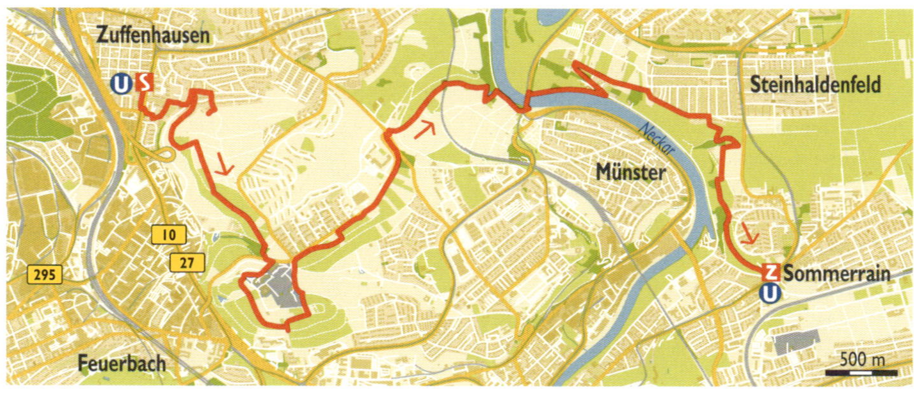

Vom Burgholzturm geht's immer weiter Richtung Neckar. Das schwarze Rössle zeigt den Weg.

von Wangen über die Geroksruhe bis zum Birkenkopf. Ein Skandal, sagten der Verschönerungsverein Stuttgart und der Deutsche Bund für Vogelschutz. Sie wehrten sich erfolgreich. Der Rössleweg ist ihr Symbol des Widerstands.

1968 markierten sie mit dem Rössle die erste Etappe von der Geroksruhe zur Doggenburg, zunächst noch als Stuttgarter Höhenrundweg. Doch in den kommenden Jahren kamen immer mehr Etappen dazu. 1980 war der Rundweg um Stuttgart fix und fertig.

Den Max-Eyth-See lässt der Rössleweg links liegen und führt wieder steil hinauf in die Weinberge. Blauer Himmel, grüne Rebstöcke, da macht auch der Aufstieg Spaß. Auf der Höhe geht's mit Neckarblick am Hochbunker vorbei und auf Trampelpfaden runter in die Kleingartensiedlung bei Muckensturm.

Von hier aus genießt man eine tolle Aussicht auf die Neckarschleife zwischen Bad Cannstatt-Muckensturm und Steinhaldenfeld. Smartphone raus – das Motiv ist unschlagbar. Für Fans des Rösslewegs gehört der Blick zu den Höhepunkten der Wanderung. Das gilt auch für die Plattform am Santiago-de-Chile-Platz in Haigst, die Schwälblesklinge hinter dem Waldfriedhof oder den Birkenkopf.

All das kann man beim nächsten Mal entdecken. Und wer den Rössleweg einmal komplett gewandert ist, der weiß am Ende auch, was das Kotzenloch ist.

FAZIT: WEIT WANDERN MITTEN IN DER STADT! DER RÖSSLEWEG MIT SEINEN ETAPPEN MUSS EINFACH AUF JEDE STUTTGART-BUCKET-LIST.

Hin & weg: Mit der Stadtbahn zum Ausgangspunkt – und auch wieder zurück. Für diese Etappe mit der U7 bis Hohensteinstraße. Zurück ab Station Obere Ziegelei mit der U2/U19.

Beste Zeit: Das geht wirklich immer, selbst bei Schnee und Regen. Im Hochsommer wenig Schatten.

Dauer & Strecke: 3,5 Std. für 12 km. Der komplette Rössleweg führt in 54 km einmal rund um die Stadt.

Ausrüstung: Gute Wanderschuhe, Rucksack und Proviant.

42
Keine ABLENKUNG beim LENKEN!
WWW.GIB-ACHT-IM-VERKEHR.DE
CITARO
NULL TOLERANZ für ALKOHOL & DROGEN!
S SB 7309

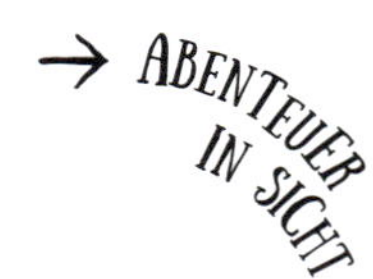

DER 42ER KESSELT

#47

Einmal durch Stuttgart cruisen – und das nicht mit den teuren, roten Touribussen: Der 42er-Bus bringt alle durch den Kessel. Von Süd über West nach Ost und am Ende noch mittenrein. Ticket ziehen, einsteigen, losfahren. Eine Kesselrunde ist fast wie Kino.

#42er #Kesselrunde #hoponhopoff

Den besten Blick hat man ganz hinten. Vom rechten Fensterplatz der letzten Reihe. Dort, wo zu Schulzeiten die coolen Jungs und Mädchen saßen. Von hier aus sieht man auf die Stadt und in den Bus. Denn nicht nur der Blick nach draußen ist spannend. Rein, raus, Kinder, Erwachsene, Senioren, mit Koffer, Hund, Einkaufstüten. Eine Kesselrunde ist wie Kino.

Der 42er beginnt seine Fahrt am Erwin-Schöttle-Platz. Vor ihm liegen elf Kilometer und 27 Stationen. In knapp 40 Minuten durchkreuzt er einmal den den Kessel und landet am Ende mitten im Herzen der Stadt, am Schlossplatz. Zwischendurch kann man jederzeit aussteigen: Das Einzelticket der VVS ist drei Stunden gültig, die Fahrt darf unterbrochen werden. Nur zurückfahren ist nicht erlaubt. Will auf dieser Runde aber auch keiner, denn es gibt unterwegs so viel zu entdecken.

Die ersten Meter der Kesselrunde hoch zum Schwabtunnel sind vor allem eines: kurvig. Das wird drüben im Osten noch besser. Doch erstmal geht's auf der Schwabstraße immer geradeaus durch den Westen. Die Gehwege sind voll, die Straßen auch. Man sieht es beim Blick aus dem Fenster: Der Westen ist einer der am dichtesten besiedelten Stadtteile in Deutschland. Vorbei an großen Wohnhäusern fährt der 42er die Rosenbergstraße runter, vorbei am Hoppenlaufriedhof und am Linden-Museum bis zum Hauptbahnhof.

Großes Gedränge am wichtigen Umsteigepunkt der Stadt. Doch wer auf Kesseltour ist, kann das Rein und Raus ganz entspannt beobachten. Nach dem Wagenburgtunnel ändert sich das Stadtbild. Viel Backstein und Arbeiterhäuser – willkommen im Stuttgarter Osten. Guter Tipp: Ab und zu mal umdrehen und aus

Auf Kesseltour: Vom Westen rüber in den Osten - und am Ende auch noch mitten rein in die City.

dem Rückfenster schauen, schon erwartet einen wieder eine neue Perspektive.

Am Ostendplatz wird's multikulti. Vor dem Fenster ziehen Döner- und Bierbuden, Supermärkte und Blumengeschäfte vorbei. Durchs dörfliche Gablenberg brettert der 42er weiter, nimmt Anlauf für die Halbhöhenlage und kurvt über die Planckstraße immer höher hinauf. Die Belohnung für die Kurvenfahrt: Oben an der Gerokstraße hat man aus dem Bus raus besten Kesselblick. Fühlt sich an wie Urlaub - und das in der eigenen Stadt. Vom Eugensplatz geht's steil bergab zurück in den Kessel. Der Schlossplatz ist nah.

Übrigens sind die Plätze ideale Zwischenstopps auf der Route: Bismarckplatz, Rosenbergplatz, Ostendplatz, Eugensplatz. Überall kann man ganz einfach aussteigen, ist direkt mittendrin im Leben und spürt, wie die Hood so tickt. Zudem warten überall gute Spots, um sich die Zeit bis zum nächsten Bus zu vertreiben. Im Westen am Bismarckplatz lockt ein Eis vom Eiscafé Fragola, zwei Stationen weiter am Rosenbergplatz gibt's leckere Croissants in der Boulangerie West oder frischen Fisch im I love Sushi. Am Ostendplatz schaut man auf ein Bier oder eine Limo am Kiosk vorbei. Wer Hunger hat, holt sich einen Döner oder das beste vietnamesische Essen der Stadt im Vietal Kitchen. Am Eugensplatz wartet ein Sundowner in der Apotheke. Hier bleibt man am besten, bis die Sonne untergeht. Der 42er bringt einen sicher zurück. Auf jeden Fall bis Mitternacht. Oder wieder ab frühmorgens.

FAZIT: KESSELTOUR FÜR KLEINES GELD UND MIT GROßEM VERGNÜGEN. DER 42ER IST EINFACH LEGENDÄR!

Hin & weg: Haltestelle Erwin-Schöttle-Platz. Mit dem 42er bis Endhaltestelle Schlossplatz.

Beste Zeit: Fährt alle zehn Minuten bis kurz vor Mitternacht (www.vvs.de).

Dauer & Strecke: Ohne Stopps 40 Min. für 11 km.

Ausrüstung: Ein Einzelticket der VVS und etwas Glück, um den Platz ganz hinten rechts zu ergattern.

ÜBER DEN WIPFELN

... auf dem Schönbuchturm bei Herrenberg

#48

Von oben sieht die Welt gleich viel schöner aus. Vor allem, wenn man über die Baumwipfel hinweg weit ins Land sieht. Der Schönbuchturm mit seinen Holzmasten und Stahlseilen bietet einen 360-Grad-Blick über die Wälder. Schwindelfrei? Dann nichts wie rauf!

Auch wenn Stuttgart beeindruckende Türme hat: Der Schönbuchturm kann locker mithalten. Und ist dank seiner Lage ideal für ein kleines Feierabend-Abenteuer. Vom Stuttgarter Hauptbahnhof bis zum Naturpark Schönbuch dauert es dank S1 und Stadtbus gerade einmal 60 Minuten. Bereit für den Turmaufstieg im Abendlicht?

Zehn Gehminuten durch den Wald, schon sieht man den Turm zwischen den Bäumen hervorblitzen. Der erste Eindruck: Ziemlich hoch und ziemlich schön, dieser Schönbuchturm! Viel Holz, viele Stahlseile und vor allem viele Treppen. Spiralförmig winden sie sich in die Höhe, über eine, zwei, drei Plattformen. Die höchste davon auf 30 Metern. Wow!

Von unten erinnert der Turm ein bisschen an den Killesbergturm (Eskapade #9). Kein Wunder, beide wurden vom selben Stuttgarter Architekturbüro geplant. Ob die Aussicht hier im Schönbuch wohl genauso gut ist wie am Killesberg?

Dafür muss man erstmal oben ankommen. Stufe für Stufe, immer höher. Sehr aufregend, so ein Aufstieg. Besonders, wenn die Stufen wie hier offen sind und man mit jedem Schritt merkt, wie weit man sich vom sicheren Boden entfernt. Außerdem schwankt der Turm im Wind. Erste Plattform, erster Halt.

Nicht nur der Blick ins Land ist spannend – auch der in den Turm. Dort schwebt nämlich eine silberne Edelstahlkugel in der Abendsonne. Die Zeitkapsel, geschaffen vom Heckengäuer Künstler Lutz Ackermann. 30 Kilogramm schwer ist das Teil. Beim Richtfest wurden Zeitdokumente aus dem Jahr 2018 hineinge-

Unten in der Zeitkapsel schlummern Erinnerungen aus dem Jahr 2018. Und ganz oben wartet ein Panoramablick.

packt. Ein Kunstwerk für die Ewigkeit. Beim Hochsteigen wird der Blick immer besser. Oben angekommen, weht einem der Wind um die Nase. Was ist eigentlich spektakulärer, der Turm oder die Aussicht? Man weiß gar nicht, wohin man zuerst schauen soll. Bäume, soweit das Auge reicht. Vor einem liegt der Schönbuch, das größte zusammenhängende Waldgebiet der Region Stuttgart und einer der sieben Naturparks in Baden-Württemberg.

Auch sonst gibt's einiges zu entdecken. Tafeln helfen bei der Orientierung. Über die Baumspitzen blickt man bis zur Schwäbischen Alb. An klaren Tagen erspäht man von hier aus sogar den Feldberg, 105 Kilometer entfernt und der höchste Gipfel des Schwarzwalds. Gut zu sehen ist auch der Stuttgarter Fernsehturm, 26 Kilometer weit weg und doch so nah. Oben auf der Aussichtsplattform sind sich alle einige: Der 360-Grad-Blick über den Wipfeln ist atemberaubend, besonders im Abendlicht. Am besten bleibt man bis Sonnenuntergang.

Oder spaziert die paar Fußminuten entfernt zum Naturfreundehaus Herrenberg. Dort gibt's einen tollen Biergarten und sogar einfache Übernachtungsmöglichkeiten (www.naturfreunde-herrenberg.de). Wie wär's denn, beim nächsten Mal ein ganzes Wochenende zu bleiben? In den unendlichen Wäldern des Schönbuchs kann man auch prima wandern oder radfahren. Und der Turm, der lohnt sich sowieso immer wieder.

FAZIT: SCHÖN, SCHÖNER, SCHÖNBUCHTURM! NEUE PERSPEKTIVEN UND ATEMBERAUBENDE ARCHITEKTUR LOCKEN RAUS AUS DER STADT.

Hin & weg: Mit der S1 bis Bahnhof Herrenberg, weiter mit Stadtbus 782 bis zum Waldfriedhof. Von dort keine 10 Gehminuten zum Schönbuchturm.

Beste Zeit: Vor Sonnenuntergang, danach schließt der Turm.

Dauer: Bis die Sonne untergeht.

Ausrüstung: Fernglas für den Weitblick, Kamera fürs Erinnerungsfoto. Und schwindelfrei sollte man sein.

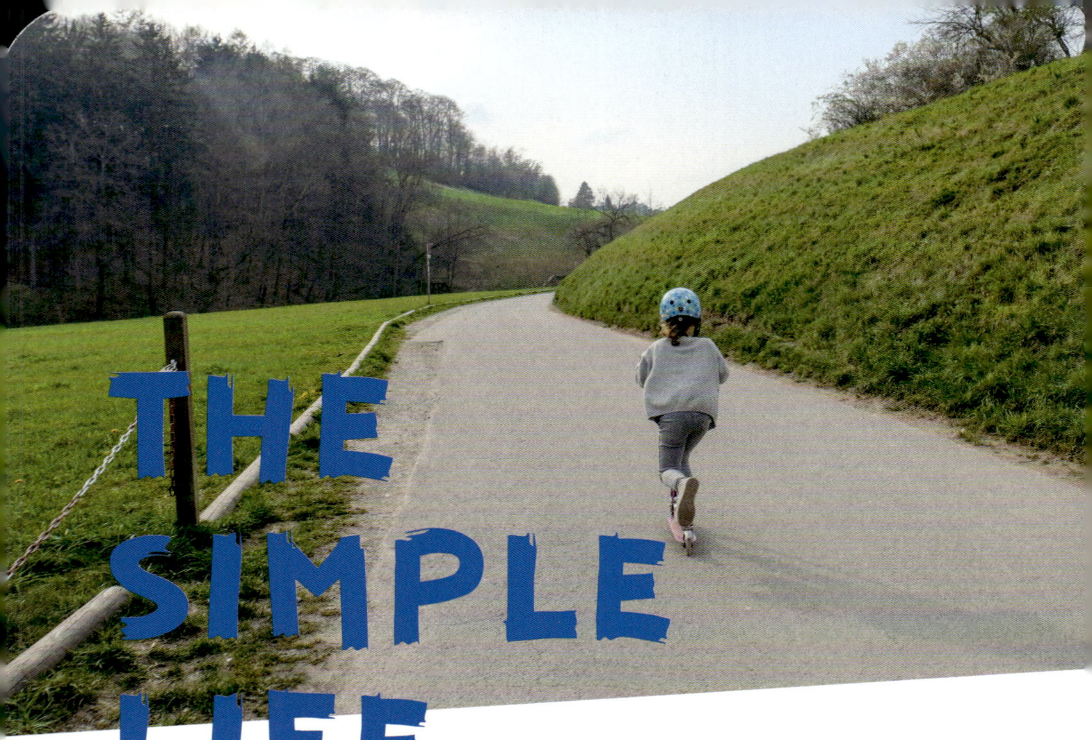

THE SIMPLE LIFE

... im Siebenmühlental

#49

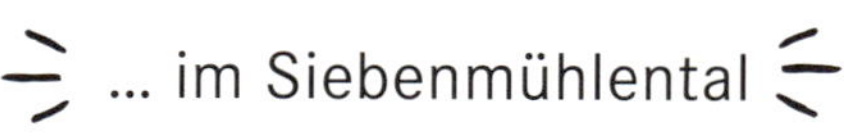

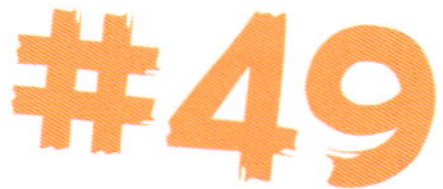

Ab und zu muss man die Großstadthektik hinter sich lassen. Um zu spüren, dass jenseits des Kessels die Uhren langsamer ticken. Im Siebenmühlental zum Beispiel. Dort sitzt man ganz gemütlich im Gärtchen. Blickt auf Wiesen, Scheunen und Esel. Und genießt den Moment.

#Landliebe #Kesselflucht #rausaufsLand

So eine kleine Landpartie mit grünen Wiesen und Weiden ist was für Stadtmenschen.

→ Abenteuer in Sicht

Einmal ganz tief durchatmen! Das Landleben riecht nach frisch gemähtem Gras. Zumindest im Siebenmühlental. Schon an der Bushaltestelle beginnt die kleine Landpartie. Denn nach nur 30 Minuten steigt man mitten in der Natur aus. Neuer Ort, neues Lebensgefühl. Was so ein bisschen Grün doch ausmacht!

Dieses Feierabendprogramm hilft jeder gestressten Großstadtseele. Zwar ist das Tal südlich von Stuttgart kein echter Geheimtipp mehr, aber an Wochentagen gibt's genügend Platz für alle, die sich die Zeit vertreiben wollen.

Der einzige Programmpunkt ist ein gemütlicher Spaziergang. Zwischen grünen Hügeln und blühenden Obstbäumen, Wiesen und Weiden. Sofort merkt man, wie ruhig es ist. Kein Autolärm, nur noch Vogelgezwitscher. Ab und zu flattert ein Schmetterling durch die Landschaft. Manchmal sind es eben die einfachen Dinge, die das Leben schön machen und einem dabei helfen, endlich abzuschalten.

Ein bisschen wie in Büllerbü: An der Eselsmühle gibt's - na klar - echte Esel.

Das Siebenmühlental zieht sich etwa neun Kilometer entlang des Reichenbachs von Musberg nach Waldenbuch. Auf dieser Strecke liegen nicht sieben, sondern elf Mühlen, weshalb der Name eigentlich gar nicht mehr so richtig passt. Macht aber nichts.

Am Ende der Straße steht jedenfalls eine ganz besondere Mühle. Schon vom Weg aus sieht man die Häuschen und den zauberhaften Garten. Kinder springen laut lachend durch die Gegend, ein Hahn kräht. Landidylle pur. Willkommen im schwäbischen Bullerbü!

Mittendrin die Eselsmühle. Und die ist tatsächlich immer noch eine Mühle – mit Mühlrad und Bio-Bäckerei. Alles so, wie man sich in der Großstadt das Landleben gerne ausmalt. Vor dem kleinen Kaufladen liegt knackiges Gemüse aus, drinnen duftet es nach frischem Brot. Es gibt leckeres Bauernhofeis und bunte Blumen.

Und dann erst der Garten! Hier sitzt man unter Bäumen mitten im Grünen, hört den Reichenbach plätschern, genießt eine Limo und ein Stück Kuchen vom Blech. Gar nichts tun fällt hier leicht.

Bis die Esel kommen. Neugierig strecken sie ihre Köpfe über den Zaun. Sind die knuffig! Jetzt ist streicheln angesagt. Dabei vergisst man schnell die Zeit. Kein Problem, bis zum letzten Bus ist es noch eine Weile hin. Davor

Frisches Obst und Gemüse, ein herrlicher Garten - Landidylle pur.

noch ein Abendessen auf der schönen Holzterrasse, mit Blick das Tal hinab.

Dort warten weitere Mühlen. Ab 1928 waren sie durch die Schönbuchbahn miteinander verbunden. 1955 wurde die Trasse stillgelegt. Auf dem ehemaligen Bahndamm verläuft seither ein asphaltierter Wander- und Radweg. Wer Lust hat auf eine Runde mit Inlinern, Roller oder dem Rad – hier macht das richtig viel Spaß. Denn es geht von der Eselsmühle aus immer bergab. Will man nicht wieder zurückrollen, steigt man am Ende der Strecke einfach in den Bus nach Bernhausen (Haltestelle Waldenbuch Burkhardtsmühle), der bringt einen nach Filderstadt. Und die S2 zurück nach Hause.

FAZIT: EIN AUSFLUG INS SIEBENMÜHLENTAL IST WIE URLAUB IN BULLERBÜ. DANACH IST DER AKKU WIEDER VOLL AUFGELADEN!

Hin & weg: Vom Hauptbahnhof mit der S2 bis Leinfelden, weiter mit Bus 826 bis Haltestelle Musberg Eselsmühle (Fahrtzeit 30 Min).

Beste Zeit: Wochentags, am schönsten im Frühling und Sommer.

Dauer: Bis der letzte Bus fährt und die Eselsmühle dichtmacht (www.eselsmuehle.com).

Ausrüstung: Inliner, Roller oder Rad. Und einen Einkaufskorb, für frisches Brot und Gemüse.

IMMER AM FLUSS

... mit dem Rad zu den Zugwiesen

Wenn die Abendsonne auf dem Neckar glitzert, ist die Welt einfach zauberhaft. Noch dazu, wenn einem der Sommerwind um die Nase weht. Zwischen Wiesen und Weinbergen rollt das Rad flussabwärts. Immer weiter Richtung Sonnenuntergang, bis zu den Zugwiesen, einem einzigartigen Biotop am Neckar.

#Radkreuzfahrt #Naturpur #Stadtflucht

Einfach mal blau machen: An den Zugwiesen ist dieses Motto genau richtig.

→ Abenteuer in Sicht

Zugegeben, die kompletten 367 Kilometer des Neckartalradwegs vom Schwenninger Moos bis nach Mannheim sind ziemlich lang und eher was für einen Radurlaub. Doch man kann sich den Fernradweg zum Glück ganz wunderbar in kleinen Etappen vornehmen. Flussabwärts natürlich – am besten mit einer ordentlichen Portion Rückenwind.

Start dieser kleinen Feierabendtour ist Bad Cannstatt. Von dort geht's eine Stunde lang immer am linken Flussufer des Neckars entlang. Ganz gemütlich, ohne Steigung. Der Weg ist das Ziel – das Neckarbiotop Zugwiesen. Dorthin kommt man nur zu Fuß oder eben mit dem Rad. Und auf zwei Rädern macht es besonders viel Spaß.

Den Max-Eyth-See lässt man dieses Mal aus. Wasser gibt's auf der Tour noch mehr als genug zu sehen. Zum Beispiel an der Schleuse in Hofen. Ein kurzer Stopp auf der Brücke, ein Blick auf die Sportboote und die steilen Weinberge, schon geht sie weiter, die Flusskreuzfahrt auf zwei Rädern.

Mühlhausen, Aldingen, Neckargröningen: Langsam hat man sich am linken Neckarufer warmgeradelt. Die Kilometer fliegen nur so an einem vorbei. Auf der rechten Seite, dort, wo die Rems in den Neckar mündet, lockt der Neckarstrand in Remseck. Doch der muss warten – bis zum Rückweg. Denn das heutige Ziel ist noch nicht erreicht.

Kurz hinter der Neckarbrücke in Hochberg beginnt das beeindruckende Naturschutz-

Den besten Blick auf die Wasserlandschaft hat man vom Aussichtsturm Storchennest.

gebiet am Neckar. Die Zugwiesen, eine Wasserlandschaft, die schöner ist als eine Kulisse aus einem Fantasyfilm. Blaues Wasser, grüne Wiesen – zum Verlieben. Den besten Überblick hat man vom Aussichtsturm Storchennest. Deshalb unbedingt das Rad vor der langen Holzbrücke parken und raufsteigen. Kaum zu glauben, dass der Neckar hier plötzlich so breit wird.

Nach 15 Jahren Planung wurde das Gebiet rund um die Staustufe in Ludwigsburg-Poppenweiler geflutet. Entstanden ist eine große Auenlandschaft mit Stillgewässern, Flachwasserzonen, Seen, Tümpeln, Sümpfen und Inseln.

Ein Ort, an dem sich auch viele Tiere wohlfühlen. Infotafeln zeigen, welche Vögel in diesem Biotop heimisch geworden sind: Haubentaucher, Teich- und Blässhühner, Kormorane und Graureiher. Vom Ufer aus kann man außerdem Amphibien und Reptilien beobachten.

Auf dem schönsten Teil der Etappe radelt man noch 1,5 Kilometer weiter flussabwärts, staunt über steile Weinberge und bunte Blumenwiesen. An der Staustufe Poppenweiler wird's dann zum Abschluss so richtig lauschig: Im grünen Gras liegend, wartet man mindestens so lange, bis ein Schiff die Schleuse passiert. Und nimmt sich vor, bald wieder einmal eine Neckartour zu machen – dann aber auf dem Wasser!

FAZIT: ES RIECHT NACH SOMMER – UND NACH FREIHEIT. EIN RAD UND DEN FLUSS, MEHR BRAUCHT ES NICHT FÜR DIESE STADTFLUCHT.

Hin & weg: Mit dem Rad gemütlich ab der Wilhelma flussabwärts auf dem Neckarradweg bis zu den Zugwiesen bei Ludwigsburg. Zurück auf demselben Weg – oder abkürzen mit der Stadtbahn U12 ab Remseck.

Beste Zeit: Frühling und Sommer, wenn alles grün ist. Und am besten immer mit Rückenwind.

Dauer & Strecke: 1 Std. für 16 km.

Ausrüstung: Rad, Helm und Trinkflasche. Karte braucht man nicht – es geht immer am Neckar entlang.

O SOLE MIO

… im Kanu durch Esslingen

Mit dem Kanu durch Klein Venedig? Dafür muss niemand nach Italien reisen. Ein Ausflug nach Esslingen reicht schon. Zwischen Fachwerkhäusern paddelt man gemütlich durch das Städtchen. Und als Belohnung gibt's danach Cappuccino und gelato. Va bene!

#Paddelpartie #abaufsWasser #feelslikeVenedig

Mindestens so schön wie eine Gondelfahrt in Venedig: Mit dem Kanu durch Esslingens Altstadt paddeln.

Auf dem Canal Grande von Esslingen ist die Welt noch in Ordnung. *»O sole mio«* tönt hier nirgends durch die Wasserstraßen. Der Bootsverkehr hält sich in Grenzen. Und vor allem kann man ganz ohne Gondoliere über die Kanäle schippern. Ein Kanu, eine Schwimmweste, ein Paddel: Wer die Grundausrüstung beisammenhat, darf sofort lospaddeln. Das Boot lässt man am besten an der neuen Feuerwache in den Hammerkanal. Faltboot, Kanu, Kanadier oder Kajak, alles ohne Motor ist erlaubt. Vorbei am Stadtpark Maille gleitet das Kanu voran – und landet direkt in Italien. Klein Venedig, so nennt man in Esslingen das bezaubernde Viertel zwischen Wehrneckar und Rossneckar. Hier stehen die Häuser wie im italienischen Original ganz dicht am Kanal, nein, sogar über dem Kanal. Das Wasser fließt teilweise sogar unter den Brückenhäusern hindurch. Also Kopf einziehen, und zwar *pronto*!

Immer mit dem Strom, unter Brücken hindurch und auch mal eine Bootsrutsche hinab.

Rossneckar, Wehrneckar und Hammerkanal: Diese drei Kanäle fließen mitten durch Esslingens Innenstadt. Verpaddeln kann man sich nicht. Es geht immer mit dem Strom. Keine Sorge, wilde Stromschnellen gibt's nicht. Die Paddeltour ist deshalb auch für Anfänger geeignet, zumindest, wenn man etwas Unterstützung hat. Denn es wartet die eine oder andere Bootsrutsche.

Doch erstmal genießen. Vom Wasser aus hat man eine ganz besonders romantische Perspektive auf die schönen Fachwerkhäuser und viel mehr Ruhe als im Süden. Im schwäbischen Venedig ist nämlich deutlich weniger los! Wobei es an warmen Sommerwochenenden auch mal etwas voller werden kann auf dem Wasser und in den Cafés.

Immer weiter geht die Kanaltour. Brücke folgt auf Brücke, erst die Pliensaubrücke, dann die Agnesbrücke. Bald sieht man auch schon das nächste Ziel, den Schelztorturm. Danach wird es richtig abenteuerlich. Am Bäckermühlenwehr wartet die erste Bootsrutsche. Jetzt tief

durchatmen, Paddel festhalten und ab durch die Mitte. Ob es sowas auch in Venedig gibt?

Danach heißt es *»Ciao, ciao Italia«*. In der Ferne tauchen die Hochhäuser von Mettingen auf, Klein Manhattan genannt. Das Kanu steuert weiter Richtung Klein Amazonas. Und tatsächlich: An diesem Abschnitt fühlt man sich wirklich wie mitten im Dschungel. Bäume und Sträucher wachsen dicht am Ufer, das Wasser glitzert dunkelgrün. Mit etwas Glück entdeckt man sogar einen Eisvogel.

Schon kommt die nächste Prüfung – es geht stromaufwärts über den Neckar. Gut, dass die Strömung gering ist. Denn so langsam ziehen die Oberarme. Nur noch knapp zwei Kilometer und eine Umtragestelle an Esslingens Schleuse, dann ist die Tour geschafft. *Mille grazie*. Und *arrivederci!*

FAZIT: EINE ETWAS ANDERE STADTTOUR MIT EXTREM HOHEM SUCHTFAKTOR. BELLISSIMO!

Hin & weg: Mit der S1 vom Hauptbahnhof bis Esslingen am Neckar. Start und Ziel der Rundtour mit eigenem Boot ist an der neuen Feuerwache (Pulverwiesen 2).

Beste Zeit: Sommerhalbjahr. Die Kanu-Vereinigung bietet dann jeden Donnerstagabend ein offenes Paddeln durch die Altstadt an (Fäbertörlesweg 19, www.kv-esslingen.de).

Dauer & Strecke: 2,5 Std. für 5 km.

Ausrüstung: Klamotten, die nass werden dürfen. Und natürlich Kanu, Paddel und Schwimmweste. Geht auch mit Kajak, Faltboot oder SUP. Wer kein Boot hat, leiht sich eines (z. B. unter www.esslingen-erleben.de) oder steigt bei der Esslinger Kanuvereinigung mit ins Boot.

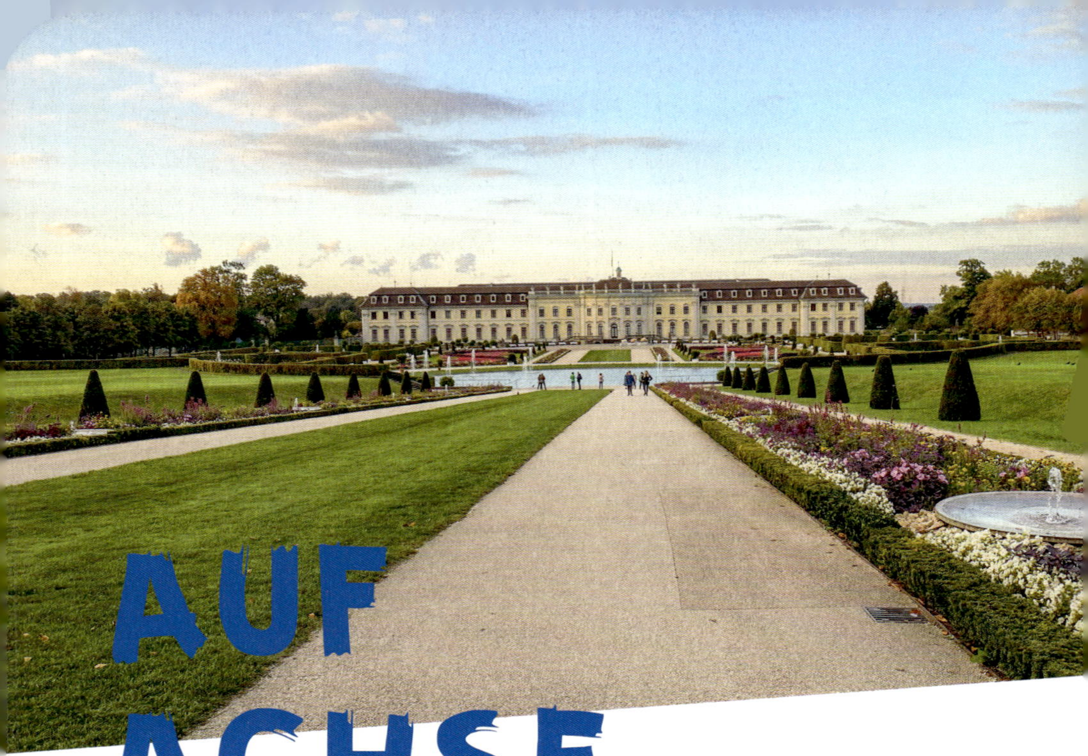

AUF ACHSE

… vom Schloss Ludwigsburg zur Solitude

#52

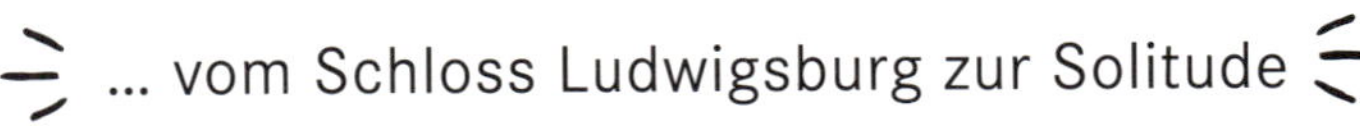

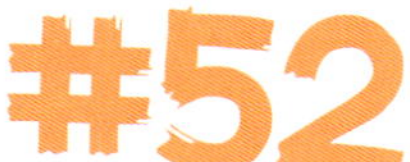

Bei dieser Tour verläuft sich garantiert niemand. Es geht nämlich immer geradeaus. Auf einer Achse von Ludwigsburg nach Stuttgart. Kann nicht stimmen? Und ob! 14 Kilometer Fußmarsch von Schloss zu Schloss – alles auf einem historischen Weg.

#Schlosstour #straighton #geradeauszumZiel

→ Abenteuer in Sicht

Immer geradeaus - vom Residenzschloss Ludwigsburg zum Lustschloss Solitude.

Es war kein Stuttgarter Mathematikprofessor, der diesen kerzengeraden Weg auf dem Reißbrett plante, sondern ein Herzog. Carl Eugen gab 1764 den Befehl, eine direkte Verbindungsachse zwischen dem Residenzschloss Ludwigsburg dem Lustschloss Solitude zu schaffen. Reserviert für den Herzog und seinen Hofstaat. Dem gemeinen Fußvolk war das Betreten der Allee bei Strafe verboten. Heute darf jeder auf den Spuren des Herzogs unterwegs sein. Kurz hinter dem Residenzschloss in Ludwigsburg beginnt sie, die Solitudeallee – inzwischen wenig glanzvoll in einer Sackgasse. Von da führt sie fast 14 Kilometer immer geradeaus.

Autohäuser, Supermärkte, eine Moschee, große Industriebetriebe: Die ersten Kilometer auf der Kornwestheimer Gemarkung sind sehr städtisch geprägt. Da braucht man schon viel Fantasie, um sich vorzustellen, wie der Herzog damals von Schloss zu Schloss ritt.

Doch bald wird es immer grüner. Zwischen Feldern geht's weiter geradeaus. Im Garten der Triangulation ist Zeit für einen kurzen Stopp. Die Stehlen dort erinnern an eine andere historische Facette der Solitudeallee, die Landvermessung.

König Wilhelm I. von Württemberg wollte 1818 sein Königreich vermessen. Die schnurgerade Solitudeallee nutzte er als Basislinie eines Netzes an Dreiecken, das er über Württemberg ziehen ließ. Johann Gottlieb Friedrich von Bohnenberger war für die Vermessung dieser Linie verantwortlich. 1820 verkündete er exakte 13 032,14 Meter, also 13 Kilometer, 32 Meter und 14 Zentimeter. Mindestens so lange ist diese Wanderung. Stammheim, Stuttgarts nördlichster Stadtbezirk, ist von hier aus bereits zu sehen. Bei der legendären Justizvoll-

Stuttgarts schönste Gerade: Vom Schloss Solitude sieht man die Allee hinab.

zugsanstalt überquert man die Stadtgrenze. Herzog Carl Eugen scherte sich damals nicht um Grenzen und Besitztümer. Das brachte ihm ziemlichen Ärger im Volk ein. Doch der Herzog hatte das Sagen.

Der nächste Abschnitt fühlt sich an, wie er heißt: Übers Lange Feld geht's eine gefühlte Ewigkeit bis zur B10. Bei der Überquerung der Bundesstraße muss man die einzigen Kurven der Strecke gehen. Danach heißt es wieder: *straight on*.

Über Korntal und mitten durch Weilimdorf folgt man der Solitudestraße, so heißt die Allee hier. Das Ziel ist nah: Schloss Solitude. Einst konnten die Weilimdorfer durch die Schneise im Wald sehr gut beobachten, wie königlich ihr Herzog Carl Eugen dort oben lebte.

Vermutlich stammt daher auch die Sage von der Schlittenfahrt im Sommer. Jedenfalls erzählt man sich, dass der Herzog einst mitten im Sommer knöchelhoch Salz streuen ließ, um mit Franziska von Hohenheim, seiner Mätresse und späteren Frau, in einem von weißen Hirschen gezogenen Schlitten vom Schloss Solitude hinunter nach Korntal zu fahren.

Wie es auch immer wirklich war, darüber kann man bergauf gut nachdenken. Endspurt und über die Wiese steil den Hang hinauf. Noch einmal motivieren. Oben wartet nicht nur das herrliche Schloss, sondern der Blick zurück – 14 Kilometer bis Ludwigsburg. Auf Stuttgarts schönster Gerade.

FAZIT: GERADEAUS VON A NACH B WANDERN UND DAS AUCH NOCH AUF EINER HISTORISCHEN STRAßE. WER WEIß SCHON, DASS SOWAS IN STUTTGART MÖGLICH IST?

Hin & weg: Mit der S4/S5 oder dem Regionalzug zum Bahnhof Ludwigsburg, von dort wenige Minuten Fußweg zur Solitudeallee. Unterwegs kann man abkürzen, immer wieder kreuzt man Stadtbahn und Buslinien. Zurück von Schloss Solitude mit Bus 92 zum Marienplatz oder Rotebühlplatz.

Beste Zeit: Herbst, dann sticht die Sonne nicht. Die Strecke hat wenig Schatten zu bieten.

Dauer & Strecke: 3,5 Std. für 14 Kilometer.

Ausrüstung: Bequeme Wanderschuhe und ausreichend Proviant.

SONST NOCH WICHTIG

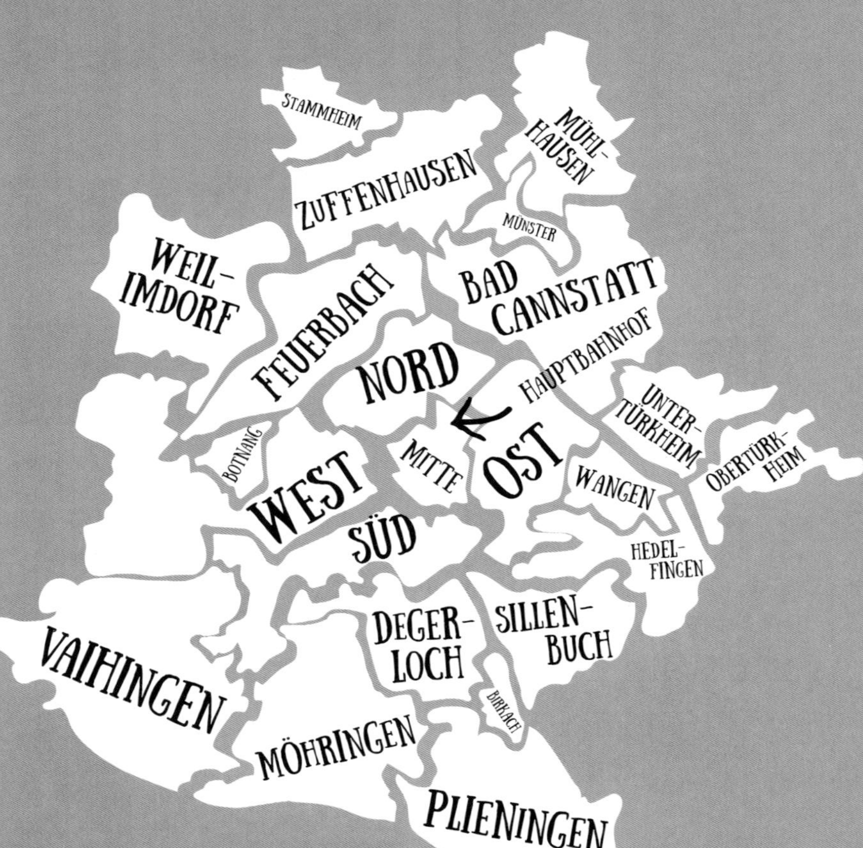

Praktisches & Nützliches

Karten mit allen Eskapaden-Standorten, ein Orte-Register, Touren-Downloads und mehr über die Autorin und ihre besten Tipps gibt's auf den folgenden Seiten.

Möglingen
81
Ludwigsburg
Oßweil
50
Bittenfeld
Pflug-
felden
52
Grünbühl-
Sonnenberg
Aldingen
Hohenacker
Kornwestheim
Neckar
Hegnach
32
18
Stammheim
Mühlhausen
Zazenhausen
Hofen
Oeffingen
81
46
Schmiden
Waiblingen
Korntal
Zuffenhausen
5
36
Feuerbach
S. NÄCHSTE SEITE
Sommerrain
35
Wolfbusch
Luginsland
29
19
Botnang
Stuttgart
Untertürkheim
Uhlbach
15
Wangen
Obertürk-
heim
42
Rohracker
Hedel-
fingen
Esslingen
am Neckar
Sillenbuch
51
21
Sonnenberg
11
Vaihingen
Hoffeld
Riedenberg
Pliensau-
vorstadt
Zollberg
Ruit
17
Möhringen
Dürrlewang
Birkach
Kemnat
Nellingen
38
48
8
Hohenheim
Seestraße
48
Scharnhausen
Leinfelden
Herrenberg
49
Musberg
2 km
81

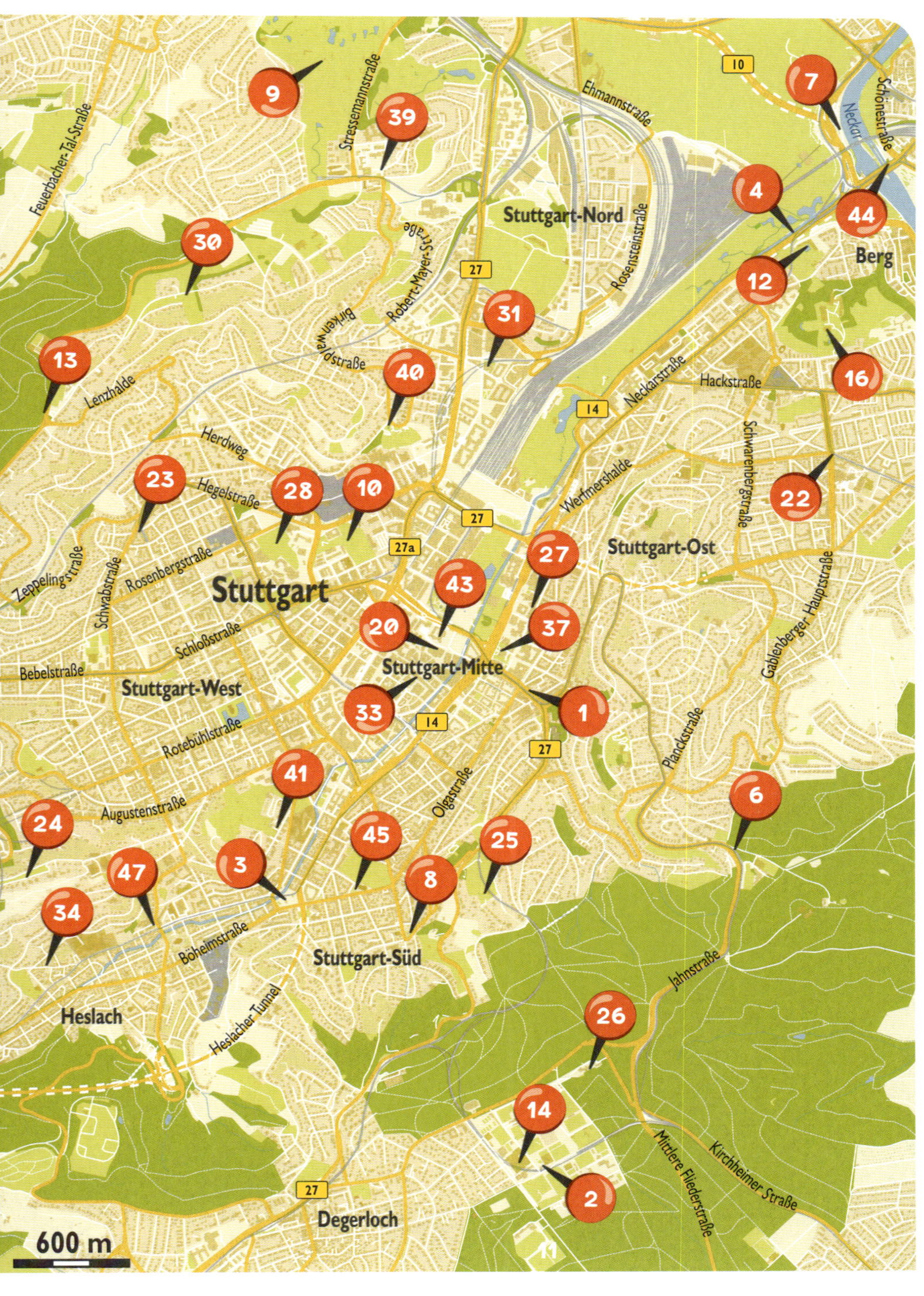

Stuttgart
Stuttgart-Nord
Stuttgart-Ost
Stuttgart-Mitte
Stuttgart-West
Stuttgart-Süd
Heslach
Degerloch
Berg
Feuerbacher-Tal-Straße
Stresemannstraße
Ehmannstraße
Schönestraße
Neckar
Robert-Mayer-Straße
Rosensteinstraße
Birkenwaldstraße
Lenzhalde
Herdweg
Hegelstraße
Neckarstraße
Hackstraße
Schwarenbergstraße
Werfmershalde
Zeppelinstraße
Schwabstraße
Rosenbergstraße
Schloßstraße
Bebelstraße
Rotebühlstraße
Gablenberger Hauptstraße
Planckstraße
Olgastraße
Augustenstraße
Böheimstraße
Heslacher Tunnel
Jahnstraße
Mittlere Filderstraße
Kirchheimer Straße
600 m
10
27
27a
14
1
2
3
4
6
7
8
9
10
12
13
14
16
20
22
23
24
25
26
27
28
30
31
33
34
37
39
40
41
43
44
45
47

ESKAPADEN-REGISTER ...

Alle Orte mit Seitenverweisen

GPX-Download aufs Smartphone – so geht's

Voraussetzung:
Eine Outdoor-App muss installiert sein, z. B. KOMPASS, Outdooractive oder Komoot. Zum Einlesen des QR-Codes benötigen ältere Android-Geräte eine QR-Code-App. Bei neueren Android- und iOS-Geräten ist diese Funktion in der Kamera integriert.

Daten downloaden:

1. Den QR-Code einlesen oder die Webadresse im Browser eingeben, um auf die Eskapaden-Website zu gelangen.
2. Die gewünschte Tour zum Download anklicken.
3. Bei IOS-Geräten werden die GPX-Daten direkt mit der vorab installierten App verknüpft. Bei Android-Geräten muss ggf. noch ein Weiterleiten-Button geklickt werden (z. B. oben rechts im Display). Manche Apps zeigen den Tourverlauf starr an, andere haben eine Navigationsfunktion dabei.

Tourenverlauf

GPX-Daten zum kostenlosen Download
www.dumontreise.de/eskapaden/feierabend-stuttgart

short.travel/letds

NOCH MEHR FEIERABEND-SPAß ...

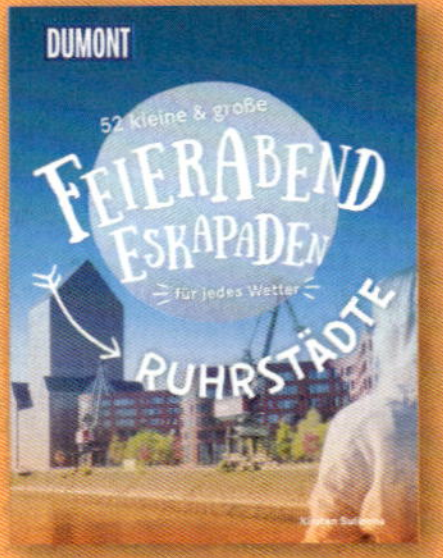

ISBN 978-3-616-02808-8

ISBN 978-3-616-02806-4

ISBN 978-3-616-11100-1

 ... erhalten Sie im gut sortierten Buchhandel und unter www.dumontreise.de 

IMPRESSUM

Reihenkonzept Monique Sorban

Projektmanagement Tamara Siedler

Covergestaltung Tanja Schnurpfeil, Leipzig, www.zebraluchs.de, und Carolin Weidemann, Köln, www.weidemann-design.com

Buchgestaltung & Illustrationen Carolin Weidemann, Köln, www.weidemann-design.com

Lektorat & Produktion Verlagsbüro Wais & Partner (Meike Diekmann, Julia Rietsch, Kai Wieland, Bea König), Stuttgart, www.wais-und-partner.de

Text & Fotos Yvonne Weik, Stuttgart, www.frolleinweik.de; mit folgenden Ausnahmen: Georg Bruder (S. 6, S. 22–23, 30–33, 34–37, 231); Philipp Kottlorz (S. 5); Raupe Immersatt e. V. (S. 101–102); Shutterstock.com (Titelbild)

Kartografie © KOMPASS, Innsbruck, unter Verwendung von Kartendaten von © OpenStreetMap-Mitwirkende, Lizenz CC-BY-SA 2.0

Hinweis Alle Informationen wurden mit größtmöglicher Sorgfalt geprüft. Infolge der Corona-Pandemie kann es allerdings zu kurzfristigen Geschäftsschließungen und anderen Änderungen vor Ort gekommen sein.

Printed in Poland

1. Auflage 2023

ISBN 978-3-616-02807-1

www.dumontreise.de

… über die Autorin

Auch wenn Yvonne leidenschaftlich gerne mit ihrer Familie mitten im Stuttgarter Westen lebt, zieht es sie immer wieder hinaus. Raus aus der Stadt und rein ins Abenteuer. Denn das wartet zum Glück nicht nur am anderen Ende der Welt …

Ob nach Feierabend oder am Wochenende: Die vom Fernweh geplagte Journalistin entdeckt am liebsten neue Orte. Dabei spürt sie nur zu gerne die Sonne im Gesicht und den Wind in den Haaren. Zuhause in Stuttgart hat sie nun direkt vor ihrer Tür ganz neue Ecken entdeckt. Von ihren Abenteuern erzählt sie auch auf www.frolleinweik.de

Schnell runterkommen

Eskapade #15: Ganz hoch hinauf steigen, um schnell wieder runterzukommen. Der Birkenkopf ist nicht nur Stuttgarts Gipfel mit dem besten Sundown-Blick, er hat auch den größten Ommm-Faktor.

Über den Kesselrand schauen

Eskapade #50: Sehnsucht nach Meer? Rad schnappen, am Fluss langradeln, bis zu den Zugwiesen bei Ludwigsburg. Und plötzlich fühlt man sich ganz, ganz weit weg.

ENDLICH FEIERABEND! UND NUN?

Ruhe finden

Eskapade #11: Stuttgart, deine Wälder! Wenn es im Kessel man wieder zu laut und die Luft zu stickig ist, ab nach oben. Zum Glück gibt's am Kesselrand genügend Grün, um entspannt 'ne Runde im Wald zu baden.

Leute treffen

Eskapade #16: Lost Place UND Happy Place! Im Park um die Villa Berg gibt's mehr als genug Platz im Grünen. Wer sich spontan mit anderen treffen will, ist hier richtig. Egal, ob auf einen Drink oder eine Runde Wikingerschach.

Raus aus der Komfortzone

Eskapade #7: Brett leihen, Paddel schnappen – und stehend den Neckar runter. So eine SUP-Tour braucht ein bisschen Abenteuerlust. Doch sobald einem der Wind um die Nase weht, ist die Freiheit schier grenzenlos.